本書係「敦煌文獻系統性保護整理出版工程」項目成果

二〇二一—二〇三五年國家古籍工作規劃重點出版項目

「十四五」國家重點出版物出版規劃項目

國家古籍整理出版專項經費資助項目

中國國家圖書館藏敦煌文獻

中國國家圖書館　編

第一三册

BD00161～BD00173

國家圖書館出版社

DUNHUANG MANUSCRIPTS IN THE NATIONAL LIBRARY OF CHINA

013

BD00161 ~ BD00173

compiled by the

National Library of China

National Library of China Publishing House

凡例

一　本書刊布中國國家圖書館藏敦煌文獻，以館藏編號爲序編排。

二　館藏編號采用「BD+流水號」格式，如 BD00001, BD16579 等。背面在編號後加 v 表示。一個編號包含多件文獻者，編號後分别綴以字母 A, B, C 等。一件文獻含有多個内容者，以數字 -1, -2, -3 等標明順序。

三　圖版有縮印或放大處另加説明，尺寸超出本書幅面的以摺葉形式呈現。

四　卷軸裝、梵夾裝、經摺裝等裝幀形制的敦煌文獻，各附外觀圖像。

五　每件文獻依次呈現外觀、正面、背面等。背面僅刊布有文字、圖像或其他要素的圖版，而略去素紙部分，背面圖版同樣以從右到左順序編排。凡有外題者，遵從以上原則。

六　除個别特殊情况外，爲保證閲讀連貫、流暢，圖版儘量通欄呈現。

七　各葉上方附該件文獻全圖，以高亮形式顯示本葉大圖在全卷中的位置。部分長卷文獻全圖祇能分多段呈現時，在上段末以❮符標示下段接續。卷尾内容不足一葉時，文獻全圖使用該圖卷尾部分，亦以❮符標示。背面圖版文字與正面文字方向相反時，文獻全圖按原貌顯示，正文翻轉呈現，以便閲讀研究，用↺符標示。

八　文獻題名大體沿用中國國家圖書館此前所編多部敦煌文獻目録的考證，部分吸收學界最新研究成果略作調整和完善。文獻題名綜合參考原卷首題、尾題、外題確定，如原卷題名與該文獻正式名稱不同，則采用正式名稱；無題名者，或比定題名，或擬定新名。非漢文文獻在題名前標注語種。有分卷不同等其他情况者，括注於文獻名稱後。

九　本書著録使用通行繁體字，涉及原文中的人名、地名等，必要時保留原字形。

About this publication

1. The documents are presented in shelfmark order.
2. The shelfmarks are in the form BD plus a running number, eg. BD00001, BD16579, &c. If a given shelfmark contains multiple documents, these are distinguished by the letters A, B, C, &c. If a document has multiple contents, they are distinguished by the numbering 1, 2, 3, &c. The verso side of an item is indicated by the letter v.
3. If it has been necessary to reduce or enlarge the size of an illustration, the dimensions are indicated. If the size of an illustration exceeds the size of the book, a folding sheet is used.
4. If the document is a scroll, a folded sutra, or has a stitched binding, a picture of the whole object is provided to show its external appearance.
5. The cover, front, and back of each document are reproduced in sequence. The back of a document is only reproduced if it contains text, illustrations, or other markings, and it is oriented from right to left. If it is blank it is not reproduced.
6. Except in a few special cases, the lines of text are reproduced unbroken to make them coherent and easier to read.
7. An illustration of the complete document is reproduced at the top of each page, and the section where the main illustration appears is highlighted in order to indicate its position. If it has only been possible to reproduce a long scroll in sections, the direction symbol has been used to indicate where one illustration ends and the next one begins. If the end of the scroll occupies less than one page, the direction symbol is used to indicate its position in the illustration of the complete document. If the text on the back of the document has a different orientation from the text on the front, it is reproduced as it is, but is also rotated (indicated with the rotation symbol) so that it can be read easily.
8. The titles of the documents generally conform with those already established by the Library, but in some cases have been amended by drawing on the most recent scholarly research. The titles are derived firstly from the beginning of the text, then from the end of the text, and lastly from the cover. If the title of a document differs from its authoritative form, the authoritative form is used; and if a document has no title, one is either supplied by comparison with similar documents, or a new one is devised. If the document is not in Chinese, its language is indicated before the title. If the number of juan is different from that of the authoritative version, or if there are other irregularities, this is noted.
9. The documents in the book are in traditional Chinese characters. Where the title contains personal or place names, the original characters used for these names are retained.

(Translated by David Helliwell)

第一三册目録

BD00161 摩訶般若波羅蜜經卷三

（後秦）鳩摩羅什 譯

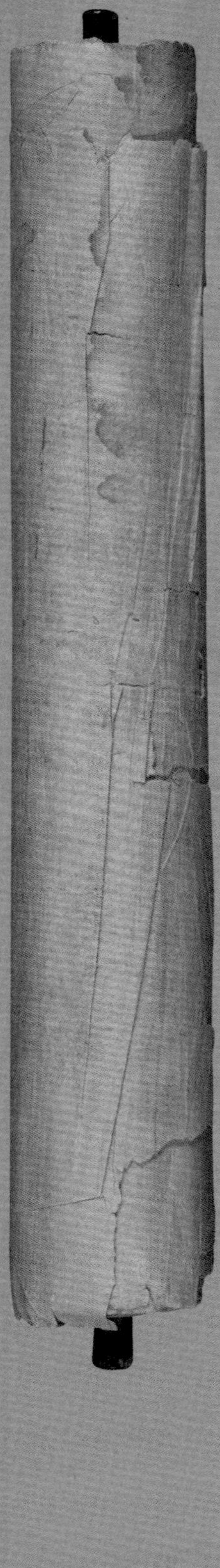

1027.3cm×25.6cm

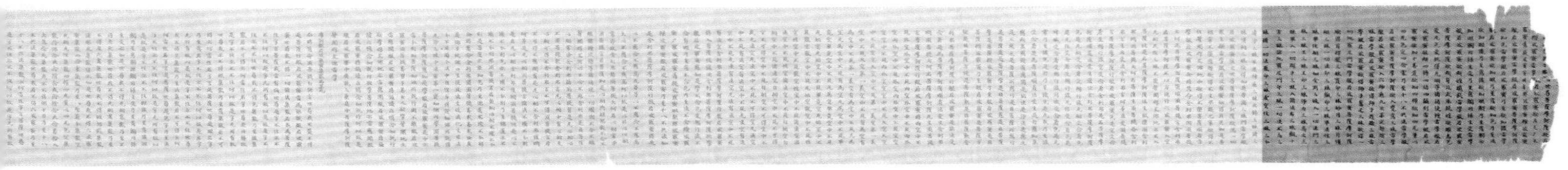

□□菩提白佛言世尊菩薩摩訶薩欲具
檀波羅蜜當學般若波羅蜜欲具足尸波
羅蜜羼提波羅蜜毗梨耶波羅蜜禪波羅蜜
般若波羅蜜當學般若波羅蜜菩薩摩訶薩
欲知色當學般若波羅蜜乃至欲知識當學
般若波羅蜜欲知眼乃至意欲知色乃至法
欲知眼識乃至意識欲知眼觸乃至意觸欲
知眼觸因緣生受乃至意觸因緣生受當學
般若波羅蜜欲斷婬瞋癡當學般若波羅蜜
菩薩摩訶薩欲斷身見戒取疑婬欲瞋恚色
愛无色愛掉慢无明等諸結使纏當學般若
波羅蜜欲斷四縛四結四顛到當學般若波

若波羅蜜菩薩摩訶薩欲入覺意三昧當學
般若波羅蜜欲入六神通九次第定超越三
昧當學般若波羅蜜欲得師子遊戲三昧當
學般若波羅蜜欲得師子奮迅三昧欲得一
切陁羅尼門當學般若波羅蜜菩薩摩訶薩
欲得首楞嚴三昧寶印三昧妙月三昧月幢
相三昧一切法印三昧觀印三昧畢法性三
昧畢住相三昧如金剛三昧入一切法門三
昧三昧王三昧王印三昧淨力三昧高出三
昧畢入一切辯才三昧入諸法名三昧觀十
方三昧諸陁羅尼門印三昧一切法不忘三
昧攝一切法聚印三昧虛空住三昧三分

昧攝一切法聚印三昧虚空住三昧三分
清淨三昧不退神通三昧出鉢三昧諸三
昧幢相三昧欲得如是等諸三昧門當學般
若波羅蜜復次世尊菩薩摩訶薩欲滿一切
衆生願當學般若波羅蜜欲得具足如是善
根常不墮惡趣欲得不生卑賤之家欲得不
住聲聞辟支佛地中欲得不墮菩薩頂者當
學般若波羅蜜尒時慧命舍利弗問須菩提
云何為菩薩摩訶薩墮頂須菩提言舍利弗
若菩薩摩訶薩不以方便行六波羅蜜入空
无相无作三昧不墮聲聞辟支佛地亦不入
菩薩位是名菩薩摩訶薩法生故墮頂舍利

言菩薩摩訶薩行般若波羅蜜色是空受念
着受想行識空受念着舍利弗是名菩薩摩
訶薩順道法愛生復次舍利弗菩薩摩訶薩
色是无相受念着受想行識无相受念着色
是无作受念着受想行識无作受念着色是
寂滅受念着受想行識寂滅受念着色是无
常乃至識色是苦乃至識色是无我乃至識
受念着是為菩薩順道法愛生是苦應知集
應斷盡應證道應脩是垢法是淨法是應近
是不應近是菩薩所應行是非菩薩所應行
是菩薩道是菩薩學是非菩薩道是非菩薩
學是菩薩檀波羅蜜乃至般若波羅蜜是非

BD00161　摩訶般若波羅蜜經卷三

學是菩薩檀波羅蜜乃至般若波羅蜜是非
菩薩檀波羅蜜乃至般若波羅蜜是菩薩方
便是非菩薩方便是菩薩熟是非菩薩熟舍
利弗菩薩摩訶薩行般若波羅蜜是諸法受
念著是為菩薩摩訶薩順道法愛生舍利弗
問須菩提云何名菩薩摩訶薩无生須菩提
言菩薩摩訶薩行般若波羅蜜時内空中不
見外空外空中不見内空外空中不見内外
空内外空中不見外空内外空中不見空空
空空中不見内外空空空中不見大空大空
中不見空空大空中不見第一義空第一義
空中不見大空第一義空中不見有為空有

竟空畢竟空中不見无爲空畢竟空中不見
无始空无始空中不見畢竟空无始空中不
見散空散空中不見无始空散空中不見性
空性空中不見散空性空中不見諸法空諸
法空中不見性空諸法空中不見自相空自
相空中不見諸法空自相空中不見不可得
空不可得空中不見自相空不可得空中不
見无法空无法空中不見不可得空无法空
中不見有法空有法空中不見无法空有法
空中不見无法有法空无法有法空中不見
有法空舍利弗菩薩摩訶薩行般若波羅蜜
得入菩薩位復次舍利弗菩薩摩訶薩欲學
般若波羅蜜當如是學不念色受想行識不

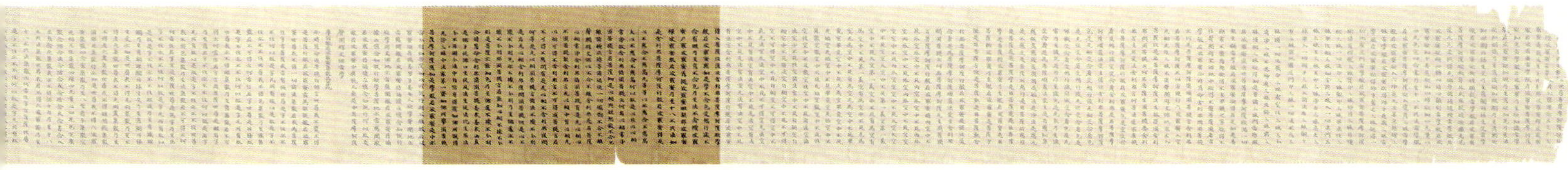

得入菩薩位復次舍利弗菩薩摩訶薩欲學
般若波羅蜜應如是學不念色受想行識不
念有眼乃至意不念色乃至法不念檀波羅
蜜尸羅波羅蜜羼提波羅蜜毗梨耶波羅蜜
禪波羅蜜般若波羅蜜乃至十八不共法如
是舍利弗菩薩摩訶薩行般若波羅蜜得是
心不應念不應高无等等心不應念不應高
大心不應念不應高何以故是心非心心相
常淨故舍利弗語須菩提云何名心相常淨
須菩提言若菩薩知是心相與婬怒癡不合不
離諸纏流縛等諸結使一切煩惱不合不離
聲聞辟支佛心不合不離舍利弗是名菩薩

心相可得不舍利弗言不可得須菩提言若
不可得不應問有是无心相不舍利弗復問
何等是无心相須菩提言諸法不壞不分別
是名无心相舍利弗復問須菩提但是心不
壞不分別色亦不壞不分別乃至佛道亦不
壞不分別耶須菩提言若能知心相不壞不分
別是菩薩亦能知色乃至佛道不壞不分別
尒時慧命舍利弗讚須菩提善哉善哉汝真
是佛子從佛口生從見法生從法化生取法
分不取財分法中自信身得證如佛所說得
无諍三昧中法眾第一實如佛所舉須菩提
菩薩摩訶薩應如是學般若波羅蜜是中亦

菩薩摩訶薩應如是學般若波羅蜜是中亦
當分別知菩薩如汝所說行則不離般若波
羅蜜須菩提善男子善女人欲學聲聞地亦
當應聞般若波羅蜜持誦讀正憶念如說行
欲學辟支佛地亦當應聞般若波羅蜜持誦
讀正憶念如說行欲學菩薩地亦當應聞般
若波羅蜜持誦讀正憶念如說行何以故是
般若波羅蜜中廣說三乘是中菩薩摩訶薩
聲聞辟支佛當學

摩訶般若波羅蜜集散品第九

尒時慧命須菩提白佛言世尊我不覺不得
是菩薩行般若波羅蜜當為誰說般若波羅

不住何以故是字无所有故以是故是字不
住亦不不住世尊我不得色集散乃至識集
散若不可得云何當作名字世尊是因緣故
是字不住亦不不住何以故是字无所有故
世尊我亦不得眼集散乃至意集散若不可
得云何當作名字言是菩薩世尊是眼名字
乃至意名字不住亦不不住何以故是名字
无所有故以是故是字不住亦不不住世尊
我不得色集散乃至法集散若不可得云何
何當作名字言是菩薩世尊是色字乃至法
字不住亦不不住何以故是字无所有故以
是故是字不住亦不不住眼識乃至意識眼

是故是字不住亦不不住眼識乃至意識眼
觸乃至意觸眼觸因緣生受乃至意觸因緣
生受亦如是世尊我不得无明集散乃至不
得老死集散世尊我不得无明盡集散乃至
不得老死盡集散世尊我不得婬怒癡集散
諸邪見集散皆亦如是世尊我不得六波羅
蜜集散四念處集散乃至八聖道分集散空
无相无作集散四禪四无量心四无色定集
散念佛念法念僧念戒念捨念天念善念入
出息念死集散我亦不得佛十力乃至十八
不共法集散世尊我若不得六波羅蜜乃至
十八不共法集散云何當作字言菩薩世尊

夢五陰集散我不得如嚮如影如炎如化五
陰集散亦如上說世尊我不得離集散我不
得寂滅不生不滅不示不垢不淨集散世尊
我不得如法性實際法相法位集散亦如上
說我不得諸善不善法集散我不得有為无
為法有漏无漏法集散過去未來現在法集
散不過去不未來不現在法集散何等是不
過去不未來不現在所謂无為法世尊我亦
不得无為法集散世尊我亦不得佛集散世
尊我亦不得十方如恒河沙等世界諸佛及
菩薩聲聞僧集散世尊若我不得諸佛集散
云何當教菩薩摩訶薩般若波羅蜜世尊是

云何當教菩薩摩訶薩般若波羅蜜世尊是
菩薩字不住亦不不住何以故是字无所有
故以是故是字不住亦不不住世尊我不得
是諸法實相集散云何當與菩薩作字言是
菩薩世尊是一切諸法實相名字不住亦不
不住何以故是名字无所有故以是故是名
字不住亦不不住世尊諸法因緣和合假名
施設所謂菩薩是名字於五陰中不可說十
二入十八界乃至十八不共法中不可說於
和合法中亦无可說世尊譬如夢於諸法中
不可說嚮影炎化於諸法中亦不可說譬如
名虛空亦无法中可說世尊如地水火風名

漢辟支佛名字亦无法中可説如佛名法名
亦无法中可説所謂若善若不善若常若无
常若苦若樂若我若无我若寂滅若離若有
若无世尊我以是義故心悔一切諸法集散
相不可得若為菩薩作字言是菩薩世尊是
字不住亦不不住何以故是字无所有故以
是故是字不住亦不不住世尊若菩薩摩訶
薩聞作是説般若波羅蜜如是相如是義心
不没不悔不驚不畏不怖當知是菩薩必住
阿惟越致性中住不住法故復次世尊菩薩
摩訶薩欲行般若波羅蜜色中不應住受想
行識中不應住眼耳鼻舌身意中不應住色

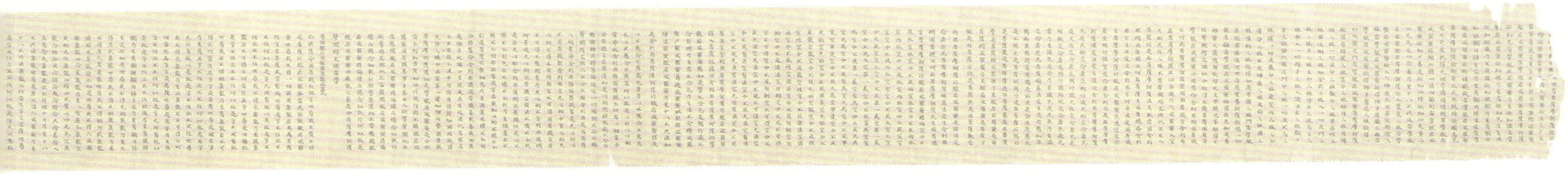

行識中不應住眼耳鼻舌身意中不應住色
聲香味觸法中不應住眼識乃至意識中不
應住眼觸乃至意觸中不應住眼觸因緣生
受乃至意觸因緣生受中不應住地種水火
風空識種中不應住无明乃至老死中不應
住何以故世尊色色相空受想行識識相空
世尊色空不名為色離空亦无色色即是空
空即是色受想行識識空不名為識離空亦
无識識即是空空即是識乃至老死老死相
空世尊老死不名老死離空亦亦无老死老
死即是空空即是老死世尊以是因緣故菩
薩摩訶薩欲行般若波羅蜜不應色中住乃

念處四念處相空世尊四念處空不名為四
念處離空亦无四念處四念處即是空空即
是四念處乃至十八不共法亦如是世尊以
是因緣故菩薩摩訶薩欲行般若波羅蜜四
念處乃至十八不共法中不應住復次世尊
菩薩摩訶薩欲行般若波羅蜜檀波羅蜜中
不應住尸羅波羅蜜羼提波羅蜜毗梨耶波
羅蜜禪波羅蜜般若波羅蜜中不應住何以
故檀波羅蜜檀波羅蜜相空乃至般若波羅
蜜般若波羅蜜相空世尊檀波羅蜜空不名
為檀波羅蜜離空亦无檀波羅蜜檀波羅蜜
即是空空即是檀波羅蜜乃至般若波羅蜜

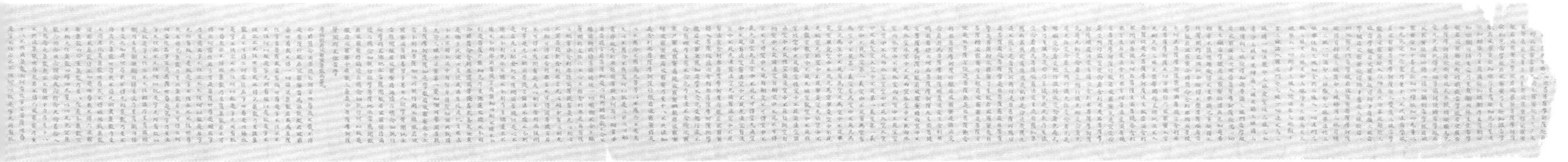

即是空空即是檀波羅蜜乃至般若波羅蜜
亦如是世尊以是因緣故菩薩摩訶薩欲行
般若波羅蜜不應六波羅蜜中住復次世尊
菩薩摩訶薩欲行般若波羅蜜文字中不應
住一字門二字門如是種種字門中不應住
何以故諸字諸字相空故如上說復次世尊
菩薩摩訶薩欲行般若波羅蜜諸神通中不
應住何以故諸神通諸神通相空神通空不
名為神通離空亦无神通神通即是空空即
是神通世尊以是因緣故菩薩摩訶薩欲行
般若波羅蜜諸神通中不應住復次世尊菩
薩摩訶薩欲行般若波羅蜜色是无常不應

常无常即是空空即是无常世尊以是因緣
故菩薩摩訶薩欲行般若波羅蜜色是无常
不應住受想行識是无常不應住色是苦不
應住受想行識是苦不應住色是无我不應
住受想行識是无我不應住色是空不應住
受想行識是空不應住色是寂滅不應住受
想行識是寂滅不應住色是離不應住受想
行識是離不應住如上説復次世尊菩薩摩
訶薩欲行般若波羅蜜如不應住何以故如
如相空世尊如相空不名如離空亦无如如
即是空空即是如世尊菩薩摩訶薩欲行般
若波羅蜜法性法相法位實際不應住何以

若波羅蜜法性法相法住實際不應住何以
故實際實際空世尊實際空不名為實際離
空亦无實際實際即是空空即是實際復
次世尊菩薩摩訶薩欲行般若波羅蜜一
切陁羅尼門中不應住一切三昧門中不應
住何以故陁羅尼門陁羅尼門相空三昧門
三昧門相空世尊陁羅尼三昧門空不名為
陁羅尼三昧門離空亦无陁羅尼三昧門陁
羅尼三昧門即是空空即是陁羅尼三昧門
世尊以是因緣故菩薩摩訶薩欲行般若波
羅蜜如乃至陁羅尼三昧門中不應住
世尊如菩薩摩訶薩欲行般若波羅蜜以无

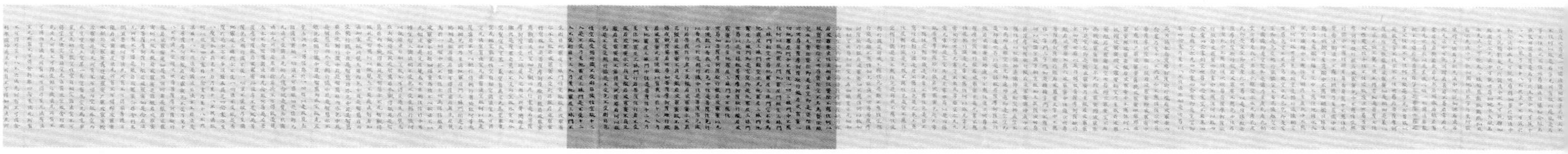

行若菩薩作行者不受般若波羅蜜亦不具
足般若波羅蜜不具足般若波羅蜜故不能
得成就薩婆若世尊如菩薩摩訶薩欲行般
若波羅蜜无方便故以有我心於十二入乃
至陁羅尼三昧門中住是菩薩作十二入乃
至作陁羅尼三昧門行若菩薩作行者不受
般若波羅蜜亦不具足般若波羅蜜不具足
般若波羅蜜故不能得成就薩婆若何以故
色是不受受想行識是不受色不受則非色
性空故受想行識不受則非識性空故十二
入是不受乃至陁羅尼三昧門是不受十二
入不受則非十二入乃至陁羅尼三昧門不

入不受則非十二入乃至陁羅尼三昧門不
受則非陁羅尼三昧門性空故般若波羅蜜
亦不受般若波羅蜜不受則非般若波羅蜜
性空故如是菩薩摩訶薩欲行般若波羅蜜
應觀諸法性空如是觀心无行處是名菩薩
摩訶薩不受三昧廣大之用不與聲聞辟支
佛共是薩婆若慧亦不受内空故外空内外
空空空大空第一義空有為空无為空畢竟
空无始空散空性空自相空諸法空不可得
空无法空有法空无法有法空故何以故是
薩婆若不可以相行得相行有垢故何等是
垢相色相乃至諸陁羅尼門三昧門相是名

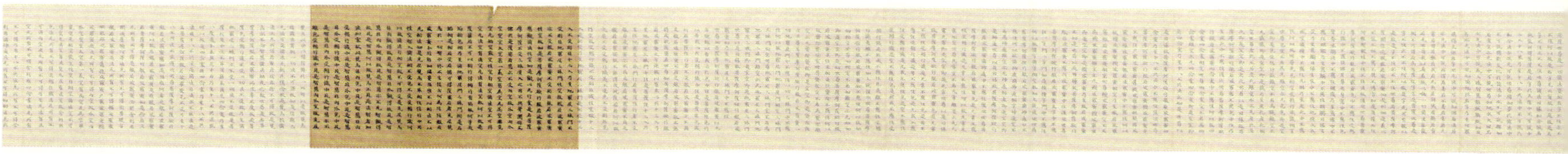

波羅蜜分別解知稱量思惟不以相法不以
无相法如是先尼梵志不取相住信行中用
性空智入諸法相不受色不受受想行識何
以故諸法自相空故不可得受是先尼梵志
非內觀得故見是智慧非外觀得故見是智
慧非內外觀得故見是智慧亦不无智觀得
故見是智慧何以故梵志不見是法智者知
法知處故此梵志非內色中見是智慧非內
受想行識中見是智慧非外色中見是智慧
非外受想行識中見是智慧非內外色中見
是智慧非內外受想行識中見是智慧亦不
離色受想行識中見是智慧內外空故先尼

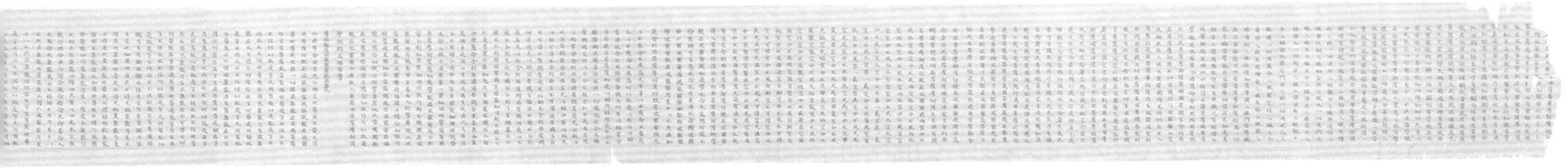

離色受想行識中見是智慧內外空故先尼
梵志此中心得信解於一切智以是故梵志
信諸法實相一切法不可得故如是信解已
无法可受諸法无相无憶念故是梵志於諸
法亦无所得若取若捨取捨不可得故是梵
志亦不念智慧諸法相无念故世尊是名菩
薩摩訶薩般若波羅蜜此彼岸不度故是菩
薩色受想行識不受一切法不受故乃至諸
陁羅尼三昧門亦不受一切法不受故是菩
薩於是中亦不取涅槃未具足四念處乃至
八聖道分未具足十力乃至十八不共法故
何以故是四念處非四念處乃至十八不共

八不共法不受復次世尊菩薩摩訶薩欲行
般若波羅蜜應如是思惟何者是般若波羅
蜜何以故名般若波羅蜜是誰般若波羅蜜
若菩薩摩訶薩行般若波羅蜜如是念若法
无所有不可得是般若波羅蜜尒時舍利弗
問須菩提何等法无所有不可得須菩提言
般若波羅蜜是法无所有不可得禪波羅蜜
毗梨耶波羅蜜羼提波羅蜜尸羅波羅蜜檀
波羅蜜是法无所有不可得內空故外空內
外空空空大空第一義空有為空无為空畢
竟空无始空散空性空自相空諸法空不可
得空无法空有法空无法有法空故舍利弗

得空无法空有法空无法有法空故舍利弗
色法无所有不可得受想行識法无所有不
可得内空法无所有不可得乃至无法有法
空无所有不可得舍利弗四念處法无所有
不可得乃至十八不共法无所有不可得舍
利弗諸神通法无所有不可得如相法无所
有不可得法性法相法住法位實際法无所
有不可得舍利弗佛无所有不可得薩婆若
法无所有不可得一切種智法无所有不可
得内空乃至无法有法空故舍利弗若菩薩
摩訶薩如是思惟如是觀時心不没不悔不
驚不畏不怖當知是菩薩不離般若波羅蜜

行識離識性六波羅蜜離六波羅蜜性乃至
實際離實際性舍利弗復問須菩提云何是
色性云何是受想行識性云何乃至是實際
性須菩提言无所有是色性无所有是受想行
識性乃至无所有是實際性舍利弗以是
因緣故當知色離色性受想行識離識性乃
至實際離實際性舍利弗色亦離色相受想
行識亦離識相乃至實際亦離實際相相亦
離相性亦離性舍利弗問須菩提菩薩摩訶
薩若如是學得成就薩婆若須菩提言如是
如是舍利弗若菩薩摩訶薩如是學得成就
薩婆若何以故以諸法不生不成就故舍利

BD00161　摩訶般若波羅蜜經卷三

薩婆若何以故以諸法不生不成就故舍利
弗問須菩提何因緣故諸法不生不成就須
菩提言色色空是色生成就不可得受想行
識識空是識生成就不可得乃至實際實際
空是實際生成就不可得舍利弗菩薩摩
訶薩如是學漸近薩婆若漸得身清淨心清
淨相清淨漸得身清淨心清淨相清淨故是
菩薩不生染心不生瞋心不生癡心不生憍
慢心不生慳貪心不生耶見心是菩薩不生
染心乃至不生耶見心故終不生毋人腹中
常得化生從一佛國至一佛國成就衆生淨
佛世界乃至阿耨多羅三藐三菩提終不離

摩訶般若波羅蜜无方便品第十

尒時須菩提白佛言世尊若菩薩摩訶薩无方便欲行般若波羅蜜若行色爲行相若行受想行識爲行相若色是常行爲行相若受想行識是常行爲行相若色是无常行爲行相若受想行識是无常行爲行相若色是樂行爲行相若受想行識是樂行爲行相若色是苦行爲行相若受想行識是苦行爲行相若色是有行爲行相若受想行識是有行爲行相若色是空行爲行相若受想行識是空行爲行相若色是我行爲行相若受想行識是我行爲行相若色是无我行爲行相若受

是我行為行相若色是无我行為行相若受
想行識是无我行為行相若色是離行為行
想若受想行識是離行為行相若色是寂滅
行為行相若受想行識是寂滅行為行相世
尊若菩薩摩訶薩无方便行四念處為行相
乃至行十八不共法為行相世尊若菩薩摩
訶薩行般若波羅蜜時作是念我行般若波
羅蜜有所得行亦是行相世尊若菩薩摩訶
薩作是念能如是行是脩行般若波羅蜜亦
是行相當知是菩薩摩訶薩行般若波羅蜜
无方便須菩提語舍利弗若菩薩摩訶薩行
般若波羅蜜時色受念忘解若色受念忘解

波羅蜜時无方便眼受念妄解乃至意色乃
至法眼識界乃至意識界眼觸乃至意觸眼
觸因緣生受乃至意觸因緣生受四念處乃
至十八不共法受念妄解為十八不共法作
行若為作行是菩薩不能得離生老病死憂
悲苦惱及後世苦如是菩薩尚不能得聲聞
辟支佛地證何況得阿耨多羅三藐三菩提
无有是處舍利弗當知是菩薩摩訶薩行般
若波羅蜜无方便舍利弗問須菩提云何當
知菩薩摩訶薩行般若波羅蜜有方便須菩
提語舍利弗若菩薩摩訶薩欲行般若波羅
蜜時不行色不行受想行識不行色相不行

BD00161　摩訶般若波羅蜜經卷三

蜜時不行色不行受想行識不行色相不行
受想行識相不行色受想行識常不行色受
想行識无常不行色受想行識樂不行色受
想行識苦不行色受想行識我不行色受想
行識无我不行色受想行識空不行色受想
行識无相不行色受想行識无作不行色受
想行識離不行色受想行識寂滅何以故舍
利弗是色空為非色離空无色離色无空色
即是空空即是色受想行識空為非識離空
无識離識无空空即是識識即是空乃至十
八不共法空為非十八不共法離空无十八
不共法離十八不共法无空空即是十八不
共法十八不共法即是空如是舍利弗當知

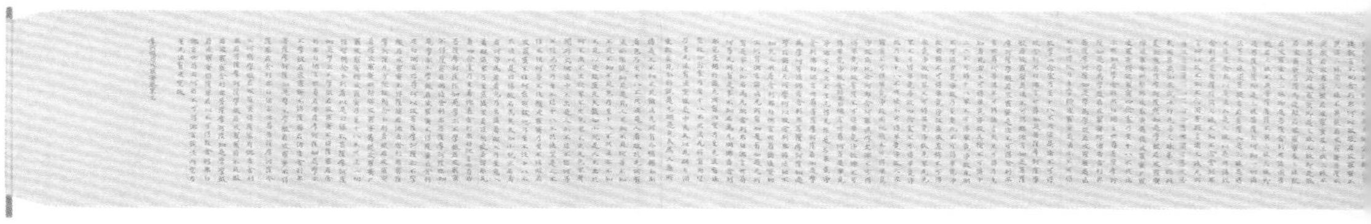

薩摩訶薩如是行般若波羅蜜能得阿耨多
羅三藐三菩提是菩薩摩訶薩行般若波羅
蜜時行亦不受不行亦不受行不行亦不受
非行非不行亦不受不受亦不受舍利弗語
須菩提菩薩摩訶薩行般若波羅蜜時何因
緣故不受須菩提言是般若波羅蜜自性不
可得故不受何以故无所有性是般若波羅
蜜舍利弗以是故菩薩摩訶薩行般若波羅
蜜行不受不行亦不受行不行亦不受非行
非不行亦不受不受亦不受何以故一切法
性无所有不隨諸法行不受諸法相故是名
菩薩摩訶薩諸法无所受三昧廣大之用不

BD00161　摩訶般若波羅蜜經卷三

菩薩摩訶薩諸法无所受三昧廣大之用不
與聲聞辟支佛共是菩薩摩訶薩行是三昧
不離疾得阿耨多羅三藐三菩提舍利弗言
但不離是三昧令菩薩摩訶薩疾得阿耨多
羅三藐三菩提更有餘三昧須菩提語舍利
弗言更有諸三昧菩薩摩訶薩行是疾得阿
耨多羅三藐三菩提舍利弗言何等三昧菩
薩摩訶薩行是疾得阿耨多羅三藐三菩提
須菩提言諸菩薩摩訶薩三昧名首楞嚴行
是三昧令菩薩摩訶薩疾得阿耨多羅三藐
三菩提有名寶印三昧師子遊戲三昧妙月
三昧月幢相三昧諸法印三昧觀頂三昧畢

出生三昧必入辯才三昧入名字三昧觀方
三昧陁羅尼印三昧不妄三昧攝諸法海印
三昧遍覆虛空三昧金剛輪三昧寶斷三昧
能照三昧不求三昧无處住三昧无心三昧
淨燈三昧无邊明三昧能作明三昧普遍明
三昧堅淨諸三昧无垢明三昧作樂三昧電
光三昧无盡三昧威德三昧離盡三昧不動
三昧莊嚴三昧日光三昧月淨三昧淨明三
昧能作明三昧作行三昧知相三昧如金剛
三昧心住三昧遍照三昧安立三昧寶頂三
昧妙法印三昧法等三昧生喜三昧到法頂
三昧能散三昧壞諸法處三昧字等相三昧

BD00161　摩訶般若波羅蜜經卷三

三昧能散三昧壞諸法處三昧字等相三昧
離字三昧斷緣三昧不壞三昧无種三昧无
處行三昧離闇三昧无去三昧不動三昧度
緣三昧集諸德三昧住无心三昧妙淨華三
昧覺意三昧无量辯三昧无等等三昧度諸
法三昧分別諸法三昧散疑三昧无住處三
昧一相三昧生行三昧一行三昧不一行三
昧妙行三昧達一切有底散三昧入言語三
昧離音聲字語三昧燃炬三昧淨相三昧破
相三昧一切種妙足三昧不喜苦樂三昧不
盡行三昧多陁羅尼三昧取諸邪正相三昧
滅憎愛三昧逆順三昧淨光三昧堅固三昧

空三昧壞身三昧壞語如虛空三昧離著虛
空不染三昧舍利弗是菩薩摩訶薩行是諸
三昧疾得阿耨多羅三藐三菩提復有无量
阿僧祇三昧門陁羅尼門菩薩摩訶薩學是
三昧門陁羅尼門疾得阿耨多羅三藐三菩
提慧命須菩提隨佛心言當知是菩薩摩訶
薩行是三昧者已為過去佛所授記今現
在十方諸佛亦授是菩薩記是菩薩不見是
諸三昧亦不念是三昧亦不念我當入是三
昧我今入是三昧我已入是三昧是菩薩摩
訶薩都无分別念舍利弗問須菩提菩薩摩
訶薩住是諸三昧已從過去佛受記耶須菩

BD00161　摩訶般若波羅蜜經卷三

訶薩住是諸三昧已從過去佛受記耶須菩
提報言不也舍利弗何以故般若波羅蜜不
異諸三昧諸三昧不異般若波羅蜜菩薩不
異般若波羅蜜般若波羅蜜及三昧三昧不
異菩薩般若波羅蜜即是三昧三昧即是般
若波羅蜜菩薩即是般若波羅蜜及三昧般
若波羅蜜及三昧即是菩薩舍利弗語須菩
提若三昧不異菩薩菩薩不異三昧三昧即
是菩薩菩薩即是三昧菩薩云何知一切諸
法等三昧須菩提言若菩薩入是三昧是時
不作是念我以是法入是三昧以是因緣故
舍利弗是菩薩於諸三昧不知不念舍利弗

我須菩提如我説汝行无諍三昧第一與此
義相應菩薩摩訶薩應如是學般若波羅蜜
禪波羅蜜毗梨耶波羅蜜羼提波羅蜜尸羅
波羅蜜檀波羅蜜四念處乃至十八不共法
亦應如是學舍利弗白佛言世尊菩薩摩訶
薩如是學為學般若波羅蜜耶佛告舍利弗
菩薩摩訶薩如是學為學般若波羅蜜是法
不可得故乃至學檀波羅蜜是法亦不可得
故學四念處乃至十八不共法是法不可得
故舍利弗白佛言世尊如是菩薩摩訶薩學
般若波羅蜜是法不可得耶佛言如是菩薩
摩訶薩學般若波羅蜜是法不可得舍利弗

BD00161　摩訶般若波羅蜜經卷三

摩訶薩學般若波羅蜜是法不可得舍利弗
言世尊何等法不可得佛言我不可得乃至
知者見者不可得畢竟淨故五陰不可得十
二入不可得十八界不可得畢竟淨故无明
不可得畢竟淨故乃至老死不可得畢竟淨
故苦諦不可得畢竟淨故集滅道諦不可得
畢竟淨故欲界不可得畢竟淨故色界无色
界不可得畢竟淨故四念處不可得畢竟淨
故乃至十八不共法不可得畢竟淨故六波
羅蜜不可得畢竟淨故須陁洹不可得畢竟
淨故斯陁含阿那含阿羅漢辟支佛不可得
得畢竟淨故菩薩不可得畢竟淨故佛不可

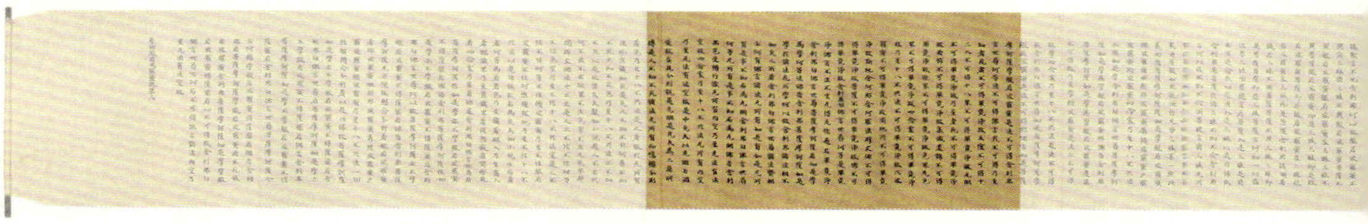

舍利弗白佛言世尊菩薩摩訶薩若如是學
為學何等法佛告舍利弗菩薩摩訶薩如是
學於諸法无所學何以故舍利弗諸法相不
如凡人所著舍利弗白佛言世尊諸法實相
云何有佛言諸法无所有如是有如是无所
有是事不知名為无明舍利弗白佛言世尊
何等无所有是事不知名為无明佛告舍利
弗色受想行識无所有内空乃至无法有法
空故四念處乃至十八不共法无所有内空
乃至无法有法空故是中凡夫以无明力渴
愛故妄見分別說是无明是凡夫為二邊所
縛是人不知不見諸法无所有而憶想分別

BD00161　摩訶般若波羅蜜經卷三

縛是人不知不見諸法无所有而憶想分别
著色乃至十八不共法是人著故於无所有
法而作識知見是凡人不知不見何等不知
不見不知不見色乃至十八不共法亦不知
不見以是故墮凡夫數如小兒是人不出於
何不出不出欲界不出色界不出无色界聲
聞辟支佛法中不出是人亦不信不信何等
不信色空乃至不信十八不共法空是人不
住不住何等不住檀波羅蜜乃至不住般若
波羅蜜不住阿惟越致地乃至不住十八不
共法以是因緣故名為凡夫如小兒亦名著
者何等為著著色乃至識著眼入乃至意入

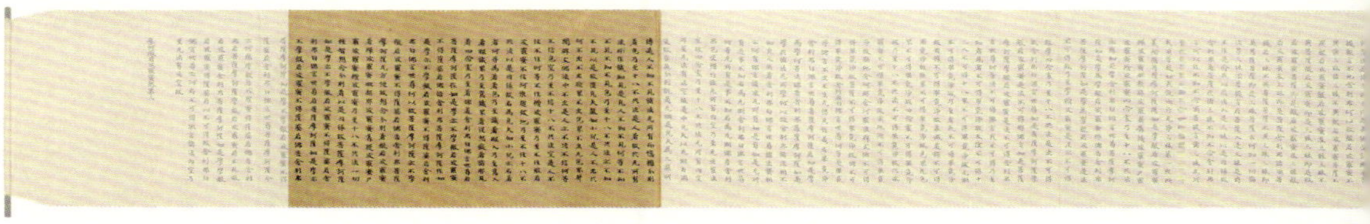

菩薩摩訶薩作如是學亦不學般若波羅蜜
不得薩婆若佛語舍利弗菩薩摩訶薩作如
是學亦不學般若波羅蜜不得薩婆若舍利
弗白佛言世尊何以故菩薩摩訶薩亦不學
般若波羅蜜不得薩婆若佛告舍利弗菩薩
摩訶薩无方便故想念分別著般若波羅蜜
著禪波羅蜜毗梨耶波羅蜜羼提波羅蜜尸
羅波羅蜜檀波羅蜜乃至十八不共法一切
種智想念分別著以是因緣故菩薩摩訶薩
如是學亦不學般若波羅蜜不得薩婆若舍
利弗白佛言世尊若菩薩摩訶薩如是學亦
不學般若波羅蜜不得薩婆若佛告舍利弗

BD00161　摩訶般若波羅蜜經卷三

不學般若波羅蜜不得薩婆若佛告舍利弗
菩薩摩訶薩如是學不學般若波羅蜜不得
薩婆若舍利弗白佛言世尊菩薩摩訶薩今
云何應學般若波羅蜜得薩婆若佛告舍利
弗若菩薩摩訶薩學般若波羅蜜時不見般
若波羅蜜舍利弗菩薩摩訶薩如是學學般
若波羅蜜得薩婆若以不可得故舍利弗白
佛言世尊云何名不可得佛言諸法內空乃
至无法有法空故

摩訶般若波羅蜜卷第三

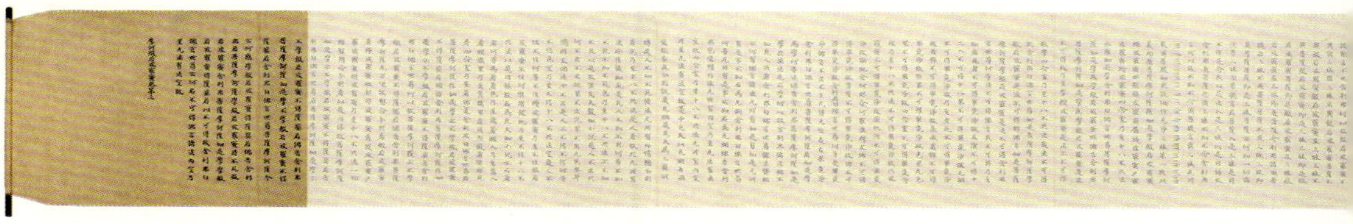

BD00161　摩訶般若波羅蜜經卷三

BD00162A

妙法蓮華經卷五

（後秦）鳩摩羅什 譯

45cm×26.2cm

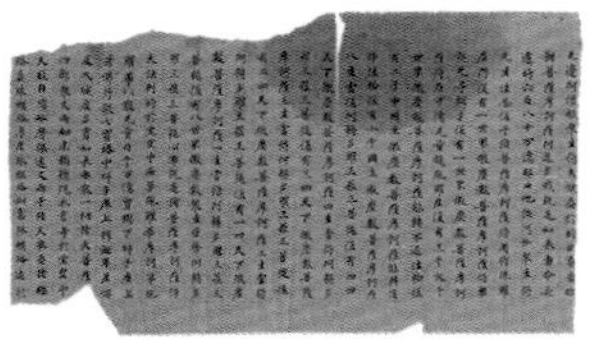

无邊阿僧祇衆生得大饒益於時世尊告彌
勒菩薩摩訶薩阿逸多我説是如來壽命長
遠時六百八十万億那由他恒河沙衆生得
无生法忍復千倍菩薩摩訶薩得聞持陁羅
尼門復有一世界微塵數菩薩摩訶薩得樂
説无导辯才復有一世界微塵數菩薩摩訶
薩得百万億无量旋陁羅尼復有三千大千
世界微塵數菩薩摩訶薩能轉不退法輪復
有二千中國土微塵數菩薩摩訶薩能轉清
淨法輪復有小千國土微塵數菩薩摩訶薩
八生當得阿耨多羅三藐三菩提復有四四
天下微塵數菩薩摩訶薩四生當得阿耨多

有二四天下微塵數菩薩摩訶薩二生當得
阿耨多羅三藐三菩提復有一四天下微塵
數菩薩摩訶薩一生當得阿耨多羅三藐三
菩提復有八世界微塵數衆生皆發阿耨多
羅三藐三菩提心佛說是諸菩薩摩訶薩得
大法利時於虛空中雨曼陁羅華摩訶曼陁
羅華以散无量百千万億寶樹下師子座上
諸佛并散七寶塔中師子座上釋迦牟尼佛
及久滅度多寶如來亦散一切諸大菩薩
四部衆又雨細末栴檀沉水香等於虛空中
天鼓自鳴妙聲深遠又雨千種天衣垂諸纓
珞真珠纓珞摩尼珠纓珞如意珠纓珞遍於

BD00162B

妙法蓮華經卷五

（後秦）鳩摩羅什 譯

75.5cm × 25.3cm

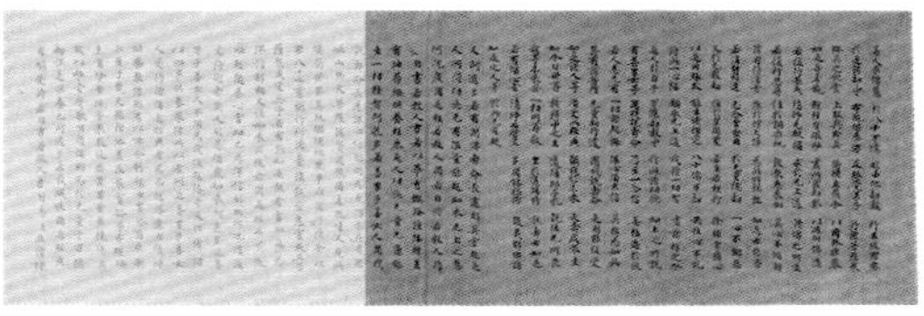

若人求佛慧　於八十万億　那由他劫數　行五波羅蜜
於是諸劫中　布施供養佛　及縁覺弟子　并諸菩薩衆
珎異之飲食　上服與卧具　栴檀立精舍　以園林荘厳
如是等布施　種種皆微妙　盡此諸劫數　以迴向佛道
若復持禁戒　清淨无缺漏　求於无上道　諸佛之所嘆
若復行忍辱　住於調柔地　設衆惡来加　其心不傾動
諸有得法者　懐於增上慢　為此所輕惱　如是亦能忍
若復勤精進　志念常堅固　於无量億劫　一心不懈息
又於无數劫　住於空閑處　若坐若經行　除睡常攝心
以是因縁故　能生諸禪定　八十億万劫　安住心不亂
持此一心福　願求无上道　我得一切智　盡諸禪定際

若人悉无有　一切諸疑悔　深心須臾信　其福為如此
其有諸菩薩　无量劫行道　聞我說壽命　是則能信受
如是諸人等　頂受此經典　願我於未來　長壽度衆生
如今日世尊　諸釋中之王　道場師子吼　說法无所畏
我等未來世　一切所尊敬　坐於道場時　說壽亦如是
若有深心者　清淨而質直　多聞能總持　隨義解佛語
如是之人等　於此无有疑

又阿逸多若有聞佛壽命長遠解其言趣是人所得功德无有限量能起如來无上之慧何況廣聞是經若教人聞若自持若教人持若自書若教人書若以華香瓔珞幢幡繒蓋香油蘇燈供養經卷是人功德无量无邊能生一切種智阿逸多若善男子善女人聞我

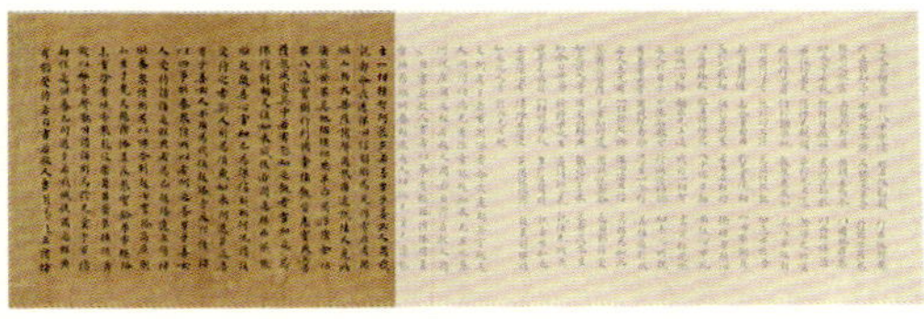

生一切種智阿逸多若善男子善女人聞我
説壽命長遠深心信解則為見佛常在耆闍
崛山共大菩薩諸聲聞衆圍遶説法又見此
娑婆世界其地瑠璃坦然平正閻浮檀金以
界八道寶樹行列諸臺樓觀皆悉寶成其菩
薩衆咸處其中若有能如是觀者當知是為
深信解相又復如來滅後若聞是經而不毀
呰起隨喜心當知已為深信解相何況讀誦
受持之者斯人則為頂戴如來阿逸多是善
男子善女人不須為我復起塔寺及作僧坊
以四事供養衆僧所以者何是善男子善女
人受持讀誦是經典者為已起塔造立僧坊
供養衆僧則為以佛舍利起七寶塔高廣漸

戲以妙音聲歌唄讚誦則為於无量千万億
劫作是供養已阿逸多若我滅後聞是經典
有能受持若自書若教人書則為起立僧坊

BD00163 佛名經（十六卷本）卷一六

505.4cm×31.5cm

南无起忍辱成就佛　南无得起精進名佛
南无得起禪名佛　南无得起般若名佛
南无成就施不可思議名佛
南无成就戒不可思議名佛
南无成就忍不可思議佛
南无成就精進佛　南无成就禪不可思議名佛
南无成就般若不可思議名佛
南无成就得名佛
南无成就陁羅尼清淨得名佛
南无陁羅尼色清淨得名佛
南无陁羅尼施清淨得名佛
南[illegible]

南无耳陀羅尼自在佛
南无鼻陀羅尼自在佛
南无舌陀羅尼自在佛
南无身陀羅尼自在佛
南无意陀羅尼自在佛
南无色陀羅尼自在佛
南无聲陀羅尼自在佛
南无香陀羅尼自在佛
南无味陀羅尼自在佛
南无觸陀羅尼自在佛
南无法陀羅尼自在佛
南无地陀羅尼自在佛
南无水陀羅尼自在佛
南无火陀羅尼自在佛
南无風陀羅尼自在佛
南无苦自在佛
南无集自在佛
南无滅自在佛
南无道自在佛
南无陰自在佛
南无果自在佛
南无入自在佛
南无三世自在佛
南无陀羅尼華自在佛

南无三世自在佛　南无陁羅尼華自在佛
南无吉光明佛　南无香燈衣自在光明佛
南无法幢佛　南无師子聲佛
南无照藏佛　南无法明敷身佛
南无一切通光佛　南无月智佛
南无妙勝佛　南无賢勝佛
南无普滿佛　南无普賢佛
南无那羅延王佛　南无成就一切義佛
南无住持威德佛　南无无畏觀佛
從此以上一万二千九百佛十二部經一切賢聖
南无如是等現在過去未來无量无邊佛
南无十千同名滿足佛　南无三万同名能聖佛

南无八億同名日[illegible]佛　南无千五百同名大威德佛

南无一万五千同名歡喜佛　南无八億九百同名龍王佛

南无一万五千同名日佛　南无万八千同名娑羅王佛

南无一万八千同名曰陁羅幢王佛

南无八千同名善光佛　南无八百同名寶藏佛

南无世六億十一万九千五百同名淨王佛

此諸佛名百千万劫不可得聞如優曇鉢華若

人受持讀誦此諸佛名畢竟遠離諸煩惱

舍利弗應當敬礼波頭摩勝如來佛

南无寶王佛　南无燈作佛

南无天光佛　南无德山佛

南无勝上佛　南无娑羅王佛

南无勝上佛　南无娑羅王佛
南无淨王佛　南无大慧梁佛
南无須弥佛　南无大智恵須弥慧佛
南无寶作佛　南无寶藏佛
南无破金剛佛　南无賢智不動佛
南无香普佛　南无甘露命佛
南无難勝佛　南无月光佛
南无日照佛　南无智雞兜佛
南无大師子佛　南无弥留山佛
南无香光佛　南无德山佛
南无大通佛　南无阿摩羅藏佛

南无優[illegible]雲藏佛　南无天日佛
南无憍梁載佛　南无月勝佛
南无集堅固佛　南无不可思議法身佛
南无勝藏佛　南无不空王佛
南无金剛无㝵智佛　南无寶炎佛
南无賒旋燈佛　南无降伏一切惡佛
南无自在佛　南无大智真聲佛
南无般若香象佛　南无天王佛
舍利弗若善男子善女人聞此諸佛名受持讀
誦不生疑者是人八千億劫不入地獄不入畜生不
入餓鬼道不生邊地不生貧窮家不生下賤家常
生天人豪貴之處常得歡喜適樂无㝵常得

生天人豪貴之處常得歡喜適樂无量常得
一切世間尊重供養乃至得大涅槃
舍利弗汝等應當敬礼不可嫌身佛
南无稱聲佛　南无稱威德佛
南无稱名佛　南无業隨佛
南无聲炎佛　南无聲分勇猛佛
南无智勝佛　南无智善智佛
南无智聚佛　南无智勇猛佛
南无梵勝佛　南无淨婆藪佛
南无淨佛　南无淨天佛

南無毗德佛
南無毗摩意佛
南無毗摩上佛
南無寶見佛
南無深聲佛
南無鷲怖摩力聲佛
南無無邊眼佛
南無勝眼佛
南無稱勝佛
南無善稱根佛
南無善稱德佛
南無衆自在王佛

南無毗摩眼佛
南無毗摩面佛
南無無邊聲佛
南無善眼月佛
南無放聲佛
南無淨眼佛
南無普眼佛
南無不可行佛
南無善稱心佛
南無善稱意佛
南無善住佛
南無大衆自在佛

南无善寂德佛　南无善住佛
南无衆自在王佛　南无大衆自在佛
南无衆解脱佛　南无法幢佛
從此以上一万三千佛十二部經一切賢聖
南无法山佛　南无法勝佛
南无法體佛　南无法力佛
南无法勇猛佛　南无法體决定佛
南无第二劫八十億同名法體决定佛
舍利弗若善男子善女人受持是佛名畢竟不
入地獄速得三昧
舍利弗過是佛名无量无邊阿僧祇劫有佛名

他千万菩薩衆集皆得諸神通具四无𭘓智通
達一切空到彼岸我若无量劫住世説彼佛大會
國土莊嚴如大海水中一渧之分舍利弗應當敬礼
十方諸大菩薩

次礼十二部尊經大藏法輪

南无文殊師利五體悔過經

南无閑居經

南无大愛道受戒經　南无文陁偈經

南无分和檀王經　南无度世經

南无解无常經　南无大善權經

南无要真經　南无八念經

南无解无常經　南无大善權經
南无要真經　南无八念經
南无大本藏經　南无照明三昧經
南无八亟道經　南无大六向拜經
南无胡般泥洹經　南无諸神呪經
南无大愛道泥洹經　南无本相猗致經
南无六淨經　南无十思惟經
南无流攝經　南无六十二見經

次礼十方諸大菩薩

南无淨世界陁羅尼自在王菩薩
南无善見世界堅固莊嚴菩薩
南无淨世界一切德[illegible]菩薩

南无淨光世界[illegible][illegible]菩薩

南无淨光世界山王菩薩

南无淨光世界師子吼菩薩

南无淨光世界弥勒菩薩

南无淨光世界功德聚菩薩

南无好戒世界智積菩薩　南无寂靜世界精進菩薩

南无善信淨菩薩

現在西方菩薩名

南无栴檀香世界普明菩薩　南无栴檀香世界大光菩薩

南无金剛世界法首菩薩　南无思惟樹世界善首菩薩

南无離闇冥世界光曜內菩薩

南无日慧世界福德王菩薩

南无星宿世界然燈菩薩　南无栴檀香世界海慧菩薩

南无[illegible]世界[illegible]菩薩

南无星宿世界光燈菩薩　南无栴檀香世界海慧菩薩

南无意入世界无量華照垂髮菩薩

南无金色世界文殊師利菩薩

南无樂色世界覺首菩薩

南无華色世界財首菩薩

南无瞻蔔華色世界寶首菩薩

次礼聲聞緣覺一切賢聖

南无脩行不著辟支佛　南无難捨辟支佛

南无寶辟支佛　南无不可比辟支佛

南无徹喜辟支佛　南无喜辟支佛

南无道[illegible]辟支佛　南无[illegible]辟支佛

南无同菩提辟支佛
南无心上辟支佛
南无善快辟支佛
南无吉沙辟支佛
南无斷有辟支佛

南无摩訶男辟支佛
南无駮淨辟支佛
南无園陁辟支佛
南无優波吉沙辟支佛
南无優波支羅辟支佛

礼三寶已次復懺悔

次復懺悔劫盜之業經中說言若物屬他他所
守護於此物中一草一葉不與不取何況但自衆生
唯見現在利故以種種方便非道而取致使未來
受此殃果是故經言劫盜之罪能令衆生墮於
地獄餓鬼受苦若在畜生則受牛馬驢騾駱駝

受此殃累是故經言劫盜之罪能令衆生墮於
地獄餓鬼受苦若在畜生則受牛馬驢騾駱駝
等形以其所有身力血肉償他宿債若生人中為
他奴婢衣不蔽形食不充命貧寒困苦人理殆盡
劫盜既有如是苦報是故弟子今日至到稽首歸
依佛

南无東方壞諸煩惱佛　南方妙音自在佛
南无西方大雲光佛　南无北方雲自在王佛
東南方无緣莊嚴佛　西南方過諸魔界佛
西北方見无恐懼佛　東北方一切功德嚴佛
南无下方妙善住王佛　南无上方蓮華藏光佛
如是十方盡虛空界一切三寶

[illegible]
興刀強奪或自是怙身逼迫而取或恃公威或
假勢力高拊大械枉押良善吞納姦訛考直
為曲為此因緣身羅憲網或任邪治或領他財
物侵公益私侵私益公損彼利此利故割他自饒
口與心恡或竊沒租估偷度關稅匿公課輸藏
隱使役如是等罪今悉懺悔至心歸命常住三寶
或是佛法僧物不與而取或取經像物或治營
塔寺物或供養常住僧物或擬招提僧物或盜
取悞用恃勢不還或自借或貸人或復換貸漏
忘或三寶物無分混亂雜用或以衆物穀米薪
鹽豉醬醋菜茹菓實錢帛竹木繒綵幡蓋香

[illegible]
塩豉醬酢菜茹菓實錢帛竹木繒綵幡蓋香
花油燈隨情逐意或自用或與人或攝佛花菓
用僧鬘物因三寶財私自利己如是等罪無量
無邊今日慚愧皆悉懺悔至心歸命常住三寶
又復無始以來至于今日或作周旋明友師僧同
學父母兄弟六親眷屬共住同止百一所須更相
欺罔或於鄉隣比近移籬拓墻侵他地宅改標易
相虜略田園因公託私奪人邸店及以屯墅如是
等罪今悉懺悔常住三寶
又復無始以來或攻城破邑燒村壞柵偷賣良民
[illegible]

[illegible]
是等罪无量无邊今悉至到皆盡懺悔至心歸
命常住三寶
又復无始以来至於今日或商估博貨邸店市
易輕秤小斗減割尺寸盜竊分銖欺罔圭合以麁
易好以短換長巧欺百端希望豪利如是等罪
今悉懺悔至心歸命常住三寶
又復无始以来至於今日或穿踰墻壁斷道抄掠
抵捍債息負情違要面欺心口或非道陵奪鬼
神禽獸四生之物或假託卜相取人財寶如是乃至
以利求利惡求多求无猒无足如是等罪无量
无邊不可說盡今日向十方佛尊法聖衆皆悉

无邊不可說盡今日向十方佛尊法聖衆皆悉
懺悔至心歸命常住三寶
願弟子等承是懺悔劫盜等所生功德生生世世
得如意寶常雨七珎上妙衣服百味甘露種種湯藥
隨意所須應命即至一切衆生无偷盜想一切皆能
少欲知足不耽不染常樂惠施行急濟道頭目髓
腦捨身如弃涕唾迴向滿足檀波羅蜜至心歸命
常住三寶

佛說罪業報應教化地獄經

復有衆生其形矩小坐臥陰藏甚大挽之身皮復

前後故獲斯罪
復有衆生其形甚醜身黑如漆兩目復青高顴俱
堺電面平鼻兩眼黄赤牙齒疎缺口氣腥臭矬
短癰腫大腹逶寬脚復了戾腰脊佝僂費衣健
食惡瘡膿血水腫干消疥癩癰疽種種諸惡集
在其身雖親附人人不在意若他作罪横羅其
殃永不見佛永不聞法永不識僧何罪所致佛
言以前世時生為子不孝父母為臣不忠其君為
上不接其下為下不敬其上明友不實其信鄉
黨不以不其齒朝庭不以其爵心意顛到无有
其度不信三尊弑君害師伐国掠民攻城破塢

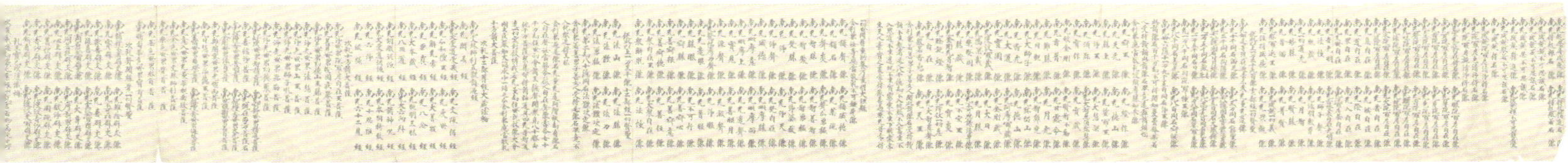

其度不信三尊殺君害師伐国掠民攻城破塢
偷寒過盜惡業非一美以惡人侵陵孤老誹謗賢
善輕慢尊長欺誑下賤一切罪報集俱犯之衆生
業報故獲斯罪

佛說佛名經卷第十六

BD00163　佛名經（十六卷本）卷一六

BD00164A　大方廣佛華嚴經卷一五

（唐）實叉難陀 譯

48.5cm × 26cm

恒樂稱揚寂滅樂　是故得成此光明
又放光明名最勝　此光開悟一切衆
令於佛所普聽聞　戒定智慧增上法
常樂稱揚一切佛　勝戒勝定殊勝慧
如是爲求無上道　是故得成此光明
又放光明名寶嚴　此光能覺一切衆
令得寶藏無窮盡　以此供養諸如來
以諸種種上妙寶　奉施於佛及佛塔
亦以惠施諸貧乏　是故得成此光明
又放光明名香嚴　此光能覺一切衆
令其聞者悦可意　決定當成佛功德
人天妙香以塗地　供養一切最勝主

焚香散花奏衆樂　城邑內外皆充滿
本以微妙伎樂音　衆香妙花幢蓋等
種種莊嚴供養佛　是故得成此光明
又放光明名嚴潔　令地平坦猶如掌
莊嚴佛塔及其處　是故得成此光明
又放光明名嚴潔　令地平坦猶如掌
莊嚴佛塔及其處　是故得成此光明
又放光明名大雲　能起香雲雨香水
以水灑塔及庭院　是故得成此光明
又放光明名嚴具　令倮形者得上服
嚴身妙物而為施　是故得成此光明
又放光明名上味　能令飢者獲美食
種種珎饌而為施　是故得成此光明

BD00164B　大方廣佛華嚴經卷四二

（唐）實叉難陀　譯

48cm × 26.3cm

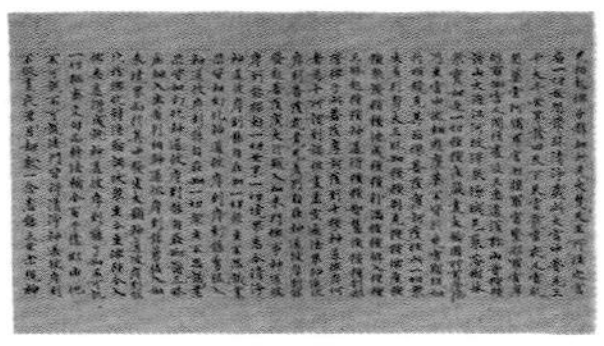

光相起佛子辟如妙光大梵天王所住之宮
名一切世間最勝清淨藏此大宮中普見三
千大千世界諸四天下天宮龍宮夜叉宮乾
闥婆宮阿脩羅宮迦樓羅宮緊那羅宮摩
睺羅伽宮人間住處及三惡道須弥山等種種
諸山大海江河陂澤泉源城邑聚落樹林
衆寶如是一切種種莊嚴盡大輪圍所有邊際
乃至宮中微細遊塵莫不皆於梵宮顯現如
於明鏡見其面像菩薩摩訶薩住此一切衆
生差別身大三昧知種種剎見種種佛度種種
種衆證種種法成種種行滿種種解入種種
三昧起種種神通得種種智慧住種種剎那
際佛子此菩薩摩訶薩到十種神通彼岸何

發起菩薩廣大行願入如来門佛事神通彼
岸到能振動一切世界一切境界悉令清淨
神通彼岸到能自在知一切衆生不思議業
果皆如幻化神通彼岸到能勇猛入
神通彼岸到能自在知一切衆生不思議業
果皆如幻化神通彼岸到能自在知諸三昧
麁細入出差別相神通彼岸到能勇猛入如
来境界而於其中發生大願神通彼岸到能
化作佛化轉法輪調伏衆生令生佛種令入
佛乗速得成就神通彼岸到能了知不可說
一切秘密文句而轉法輪令百千億那由他
不可說不可說法門皆得清淨神通彼岸到
不假晝夜年月劫數一念悉能三世亦現神

BD00164C　大方廣佛華嚴經卷四三

（唐）實叉難陀 譯

46.8cm×26.2cm

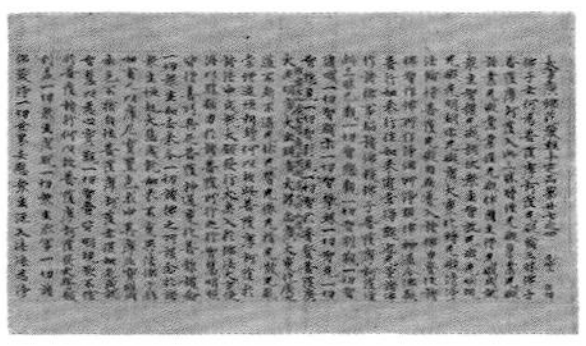

大方廣佛花嚴經十定品第廿七之四　卷卌三　新譯
佛子云何爲菩薩摩訶薩无礙輪三昧佛子
菩薩摩訶薩入此三昧時住无礙身業无礙
語業无礙意業住无礙佛國土得无礙成就
衆生智獲无礙調伏衆生智放无礙光明現
无礙光明網示无礙廣大變化轉无礙清淨
法輪得菩薩无礙自在普入諸佛力普住諸
佛智作佛所作淨佛所淨現佛神通令佛歡
喜行如來行住如來道常得親近无量諸佛
作諸佛事紹諸佛種佛子菩薩摩訶薩住
此三昧已觀一切智惣觀一切智別觀一切智
隨順一切智顯示一切智攀緣一切智見一切
智惣見一切智別見一切智於普賢菩薩廣
願廣大心廣大行廣大所趣廣大所入廣大

常增進恒相續何以故此菩薩摩訶薩於
諸法中成就大願發行大乘入於佛法大方便
海以勝願力於諸菩薩所行之行智慧明照
皆得善巧具足菩薩神通變化善能護念
一切衆生如去來今一切諸佛之所護念於諸
衆生恒起大悲成就如來不變異法佛子辟
如有人以摩尼寶置色衣中其摩尼寶雖同
衣色不捨自性菩薩摩訶薩亦復如是成就
智慧以爲心寶觀一切智普皆明現然不捨
於菩薩諸行何以故菩薩摩訶薩發大誓願
利益一切衆生度脱一切衆生承事一切諸
佛嚴淨一切世界安慰衆生深入法海爲淨

BD00164D　大方廣佛華嚴經卷四三

（唐）實叉難陀　譯

47.5cm × 26.2cm

无差別性此是无礙方便之門此能出生菩
薩衆會此法唯是三昧境界此能勇進入薩
婆若此能開顯諸三昧門此能无礙普入諸
剎此能調伏一切衆生此能住於无衆生際
此能開示一切佛法此於境界皆无所得雖
一切時演說開示而恒遠離妄想分別雖知
諸法皆无所作而能示現一切作業雖知諸
佛无有二相而能顯示一切諸佛雖知无色
而演說諸色雖知无受而演說諸受雖知无
想而演說諸想雖知无行而演說諸行雖
知无識而演說諸識恒以法輪開示一切雖知
法无生而常轉法輪雖知法无差別而說諸
差別門雖知諸法无有生滅而說一切生滅

雖知諸法不可言說而能演說清淨言辭雖
知諸法无内无外而說一切内外諸法雖知諸
法不可了知而說種種智慧觀察雖知諸法无有真實而說出離真實之道雖知諸
法畢竟无盡而能演說盡諸有漏雖知諸法
无違无諍然亦不无自他差別雖知諸法畢竟
无師而常尊敬一切師長雖知諸法不由
他悟而常尊敬諸善知識雖知諸法无轉而轉
法輪雖知法无起而示諸因緣雖知諸法无有
前際而廣說過去雖知諸法无有後際而廣
說未來雖知諸法无有中際而廣說現在雖
知諸法无有作者而說諸作業雖知諸法无
有因緣而說諸集因雖知諸法无有等比而
說平等不平等道雖知諸法无有言說而決

BD00164E

大方廣佛華嚴經卷四四

（唐）實叉難陀 譯

47.5cm × 26.2cm

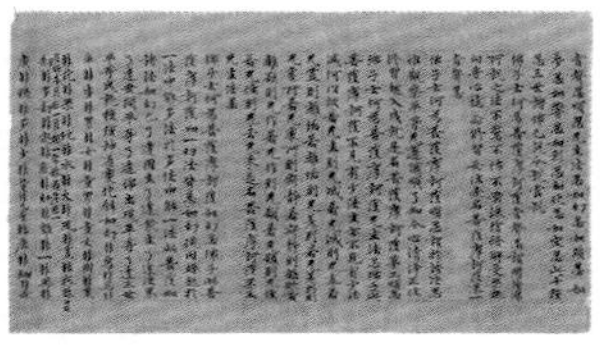

音聲忍順忍无生法忍如幻忍如焰忍如
夢忍如響忍如影忍如化忍如空忍此十種
忍三世諸佛已說今說當說
佛子云何為菩薩摩訶薩音聲忍謂聞諸佛
所說之法不驚不怖不畏深信悟解愛樂趣
向專心憶念修習安住是名菩薩摩訶薩第一
音聲忍
佛子云何為菩薩摩訶薩順忍謂於諸法思
惟觀察平等无違隨順了知令心清淨正住
修習趣入成就是名菩薩摩訶薩第二順忍
佛子云何為菩薩摩訶薩无生法忍佛子此
菩薩摩訶薩不見有少法生亦不見有少法
滅何以故若无生則无滅若无滅則无盡若

離欲則无作若无作則无願若无願則无住
若无住則无去无來是名菩薩摩訶薩第三
无生法忍
佛子云何爲菩薩摩訶薩如幻忍佛子此菩
薩摩訶薩知一切法皆悉如幻從因緣起於
一法中解多法於多法中解一法此菩薩知
諸法如幻已了達國土了達衆生了達法界
了達世間平等了達佛出現平等了達三世
平等成就種種神通變化譬如幻非象非馬非
車非步非男非女非童男非童女非樹非葉
非花非果非地非水非火非風非晝非夜非日非月非半月非一月非一年非百年非一
劫非多劫非定非亂非純非雜非一非異非
廣非狹非多非少非量非无量非麁非細非是

BD00164F 大方廣佛華嚴經卷四四

（唐）實叉難陀 譯

48cm×26.2cm

如世所有音　不同分別法　其音悉周遍　開悟諸群生
菩薩獲此忍　淨音化世間　善巧說三世　於世无所著
為欲利世間　專意求菩提　而常入法性　於彼无分別
普觀諸世間　寂滅无體性　而恒為饒益　修行意不動
不住於世間　不離於世間　於世无所依　依處不可得
了知世間性　於性无染著　雖不依世間　化世令超度
世間所有法　悉知其自性　了法无有二　无二亦无著
心不離世間　亦不住世間　非於世間外　修行一切智
譬如水中影　非內亦非外　菩薩求菩提　了世非世間
不於世住出　以世不可說　亦不在內外　如影現世間
入此甚深義　離垢悉明徹　不捨本誓心　普照智慧燈
世間无邊際　智入悉齊等　普化諸群生　令其捨眾著
觀察甚深法　利益群生眾　從此入於智　修行一切道
菩薩觀諸法　諦了悉如化　而行如化行　畢竟永不捨

一切諸世間 [illegible]
三世所有佛 一切亦如化 本願脩諸行 變化成如來
佛以大慈悲 度脫化衆生 度脫亦如化 化力爲說法
知世皆如化 不分別世間 化事種種殊 皆由業差別
脩習菩提行 莊嚴於化藏 无量善莊嚴 如業作世間
化法離分別 亦不分別法 此二俱寂滅 菩薩行如是
化海了於智 化性印世間 化非生滅法 智慧亦如是
第十忍明觀 衆生及諸法 體性皆寂滅 如空无處所
獲此如空智 永離諸取著 如空无種種 於世无所礙
成就空忍力 如空无有盡 境界如虛空 不作空分別
虛空无體性 亦復非斷滅 亦无種種別 智力亦如是
虛空无初際 亦復无中後 其量不可得 菩薩智亦然
如是觀法性 一切如虛空 无生亦无滅 菩薩之所得
自住如空法 復爲衆生說 降伏一切魔 皆斯忍方便

BD00164F 大方廣佛華嚴經卷四四

BD00164G 大方廣佛華嚴經卷四五

（唐）實叉難陀 譯

48.5cm×26cm

羅泥羅爲一計羅計羅計羅爲一細羅細羅
細羅爲一脾羅脾羅脾羅爲一謎羅謎羅
謎羅爲一娑攞荼娑攞荼娑攞荼爲一謎魯
陁謎魯陁謎魯陁爲一契魯陁契魯陁契魯陁
爲一摩覩羅摩覩羅摩覩羅爲一娑母羅娑
母羅娑母羅爲一阿野娑阿野娑阿野娑爲
一迦麼羅迦麼羅迦麼羅爲一摩伽婆摩伽
婆摩伽婆爲一阿怛羅阿怛羅阿怛羅爲一
醯魯耶醯魯耶醯魯耶爲一薜魯婆薜魯
婆薜魯婆爲一羯羅波羯羅波羯羅波爲一
訶婆婆訶婆婆訶婆婆爲一毗婆上羅毗婆羅
毗婆羅爲一那婆上羅那婆羅那婆羅爲一

一者麼羅者麼羅者麼羅爲一䭾麼䭾麼
羅爲一鉢攞麼陁鉢攞麼陁鉢攞麼陁
爲一毗伽摩毗伽摩毗伽摩爲一烏波䟦多烏
波䟦多烏波䟦多爲一演說演說演說爲一
无盡无盡无盡爲一出生出生出生爲一无
我无我无我爲一阿畔多阿畔多阿畔多
爲一青蓮花青蓮花青蓮花爲一鉢頭摩鉢
頭摩鉢頭摩爲一僧祇僧祇僧祇爲一趣趣
趣爲一至至爲一阿僧祇阿僧祇阿僧祇
爲一阿僧祇轉阿僧祇轉阿僧祇轉爲一
无量无量无量一爲无量轉无量轉无量轉无邊
无邊無邊无邊爲一无邊轉无邊轉无邊
轉爲一无等无等无等爲一无等轉无等

BD00164H　大方廣佛華嚴經卷四六

（唐）實叉難陀　譯

46.3cm × 25.9cm

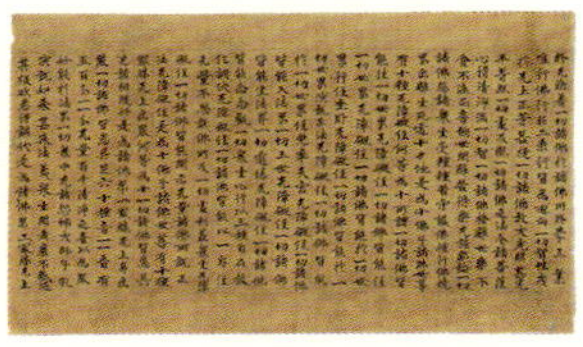

終无染着一切諸佛於諸佛所修學三業
唯行佛行非二乘行皆為迴向一切智性成
於无上正等菩提一切諸佛放大光明其光
平等照一切處及照一切諸佛之法令諸菩薩
心得清淨滿一切智一切諸佛捨離世樂不
貪不染而普願世間離苦得樂无諸戲論一切
諸佛愍諸衆生受種種苦守護佛種行佛境
界出離生死遠十力地是為十佛子諸佛世尊
有十種无障礙住何等為十所謂一切諸佛皆
能往一切世界无障礙住一切諸佛皆能住
一切世界无障礙住一切諸佛皆能於一切世
界行住坐卧无障礙住一切諸佛皆能於一
切世界演說正法无障礙住一切諸佛皆能

皆能坐法界一切道場无障礙住一切諸佛
皆能念念觀一切衆生心行以三種自在教
化調伏无障礙住一切諸佛皆能以一身住
无量不思議佛所及一切處利益衆生无障
礙住一切諸佛皆能開示无量諸佛所說正
法无障礙住是為十佛子諸佛世尊有十種
最勝无上莊嚴何等為十一切諸佛皆悉具
足諸相隨好是為諸佛第一最勝无上身莊
嚴一切諸佛皆悉具足六十種音一一音有
五百分一一分无量百千清淨之音以為嚴
好能於法界一切衆中无諸恐怖大師子吼
演說如來甚深法義衆生聞者靡不歡喜隨
其根欲悉得調伏是為諸佛第二最勝无上

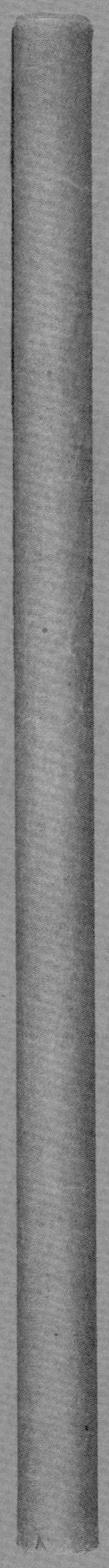

BD00164I

大寶積經卷一

（唐）菩提流志 譯

47.5cm × 26.1cm

者終不為彼不如理者无功德者不脩行者汝
等應當受持此法於是法中勿生執著何以
故如来所說最為業一為於最上應供有情
而發問故我以勝法而為解說云何勝法謂
无法想迦葉如是菩薩具足護持寂初淨戒
心不貢高不造无間業不犯比丘尼亦不親
近諸俗人家遠離殺生及不與取欲邪行法
離虛誑語離間麁惡離綺語言遠離欲貪瞋
恚邪見既不自惱亦不惱他不與欲俱亦不
受欲不為博戲亦不教化終不親近不男之
人不往婬女寡婦處女之家不近他妻亦不親
近羅捕魚鳥畋獵魁膾旃荼羅等於飲酒人
不執其手而與鬬諍離此諸事如避惡狗旃

十謂雜女人亦不與他調戲麁言論義諍訟
於父母處及佛法僧雜不恭敬若諸女人滅
二十衆不為說法除有男子終不往詣比丘
尼僧說法會處不應閙諍諸比丘尼不與女
人作其書疏或為他人傳書送彼應付丈夫
勿付婦女於一切時親族別請終不受之不
以欲心經須臾須往女人前又亦不應捨離
本居往其屏處而與女人共為談說不得隨
逐比丘尼行若比丘尼所施衣服不應受用
除在四衆演說法時為說法故有施衣者應
生是心猶如大地然後受之不應別覩施者
之面若聞有尼勸導施衣不應受用若比丘
尼勸請受食設令病苦終不受之况復无病

BD00165　大般若波羅蜜多經卷二九六

（唐）玄奘 譯

47.5cm × 26.1cm

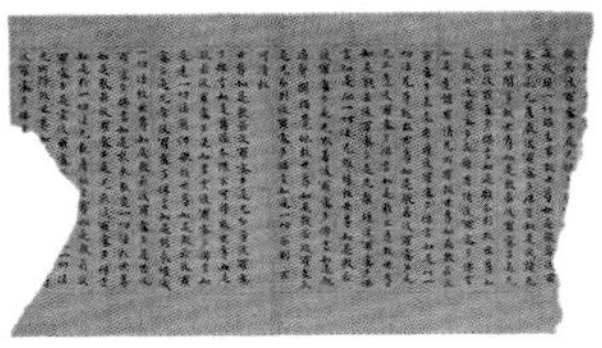

多佛言如是
般若波羅蜜多是无瞋恚波
是破壞一切瞋恚事故世尊如是般若波羅
蜜多是无愚癡波羅蜜多佛言如是滅諸无
知黑闇事故世尊如是般若波羅蜜多是无
煩惱波羅蜜多佛言如是離分別故世尊如
是般若波羅蜜多是離有情波羅蜜多佛言
如是達諸有情无所有故世尊如是般若波
羅蜜多是无斷壞波羅蜜多佛言如是以一
切法无等起故世尊如是般若波羅蜜多是
无二邊波羅蜜多佛言如是離二邊故世尊
如是般若波羅蜜多是无離壞波羅蜜多佛
言如是知一切法无離壞故世尊如是般若
波羅蜜多是无取著波羅蜜多佛言如是起

可得故
世尊如是般若波羅蜜多是无分量波羅蜜
多佛言如是諸法分限不可得故世尊如是
般若波羅蜜多是如虛空波羅蜜多佛言如
是達一切法無滯礙故世尊如是般若波羅
蜜多是无常波羅蜜多佛言如是能永壞滅
一切法故世尊如是般若波羅蜜多是苦波
羅蜜多佛言如是能永驅遣一切法故世尊
如是般若波羅蜜多是无我波羅蜜多佛言
如是於一切法无執著故世尊如是般若波
羅蜜多是空波羅蜜[illegible]一切法
无所得故世尊如[illegible]
波羅蜜多佛言[illegible]

BD00166 妙法蓮華經卷二

（後秦）鳩摩羅什 譯

1062.4cm × 25.2cm

此義
我聞是法音 [illegible]
昔來蒙佛教 不失於大[illegible] 佛音甚[illegible]
我已得漏盡 聞亦除憂惱 我處於山谷
若坐若經行 常思惟是事 嗚呼深自責 [illegible]
我等亦佛子 同入無漏法 不能於未來 演說無上道
金色三十二 十力諸解脫 同共一法中 而不得此事
八十種妙好 十八不共法 如是等功德 而我皆已失
我獨經行時 見佛在大眾 名聞滿十方 廣饒益眾生
自惟失此利 我為自欺誑 我常於日夜 每思惟是事
欲以問世尊 為失為不失 我常見世尊 稱讚諸菩薩
以是於日夜 籌量如此事 今聞佛音聲 隨宜而說法

尒時心自謂　得至於滅度　而今乃自覺　非是實滅度
若得作佛時　具三十二相　天人夜叉衆　龍神等恭敬
是時乃可謂　永盡滅无餘　佛於大衆中　說我當作佛
聞如是法音　疑悔悉已除　初聞佛所說　心中大驚疑
將非魔作佛　惱亂我心耶　佛以種種緣　譬喻巧言說
其心安如海　我聞疑網斷　佛說過去世　无量滅度佛
安住方便中　亦皆說是法　現在未來佛　其數无有量
亦以諸方便　演說如是法　如今者世尊　從生及出家
得道轉法輪　亦以方便說　世尊說實道　波旬无此事
以是我定知　非是魔作佛　我墮疑網故　謂是魔所為
聞佛柔軟音　深遠甚微妙　演暢清淨法　我心大歡喜
疑悔永已盡　安住實智中　我定當作佛　為天人所敬
轉无上法輪　教化諸菩薩

疑悔永已盡　安住實智中　我定當作佛　為天人所敬
轉无上法輪　教化諸菩薩
尒時佛告舍利弗吾今於天人沙門婆羅門
等大衆中說我昔曾於二萬億佛所為无上
道故常教化汝汝亦長夜隨我受學我以方
便引導汝故生我法中舍利弗我昔教汝志
願佛道汝今悉忘而便自謂已得滅度我今
還欲令汝憶念本願所行道故為諸聲聞說
是大乘經名妙法蓮華教菩薩法佛所護念
舍利弗汝於未來世過无量无邊不可思議
劫供養若干千万億佛奉持正法具足菩薩
所行之道當得作佛号曰華光如來應供正
遍知明行足善逝世間解无上士調御丈夫

嚴飾安
黃金為繩以界其側其傍各有七寶行樹常
有華菓華光如來亦以三乘教化衆生舍利
弗彼佛出時雖非惡世以本願故說三乘法
其劫名大寶莊嚴何故名曰大寶莊嚴其國
中以菩薩為大寶故彼諸菩薩无量无邊不
可思議筭數譬喻所不能及非佛智力无能
知者若欲行時寶華承足此諸菩薩非初發
意皆久殖德本於无量百千万億佛所淨脩
梵行恒為諸佛之所稱歎常脩佛慧具大神
通善知一切諸法之門質直无偽志念堅固
如是菩薩充滿其國舍利弗華光佛壽十二
小劫除為王子未作佛時其國人民壽八小
劫華光如來過十二小劫授堅滿菩薩阿耨

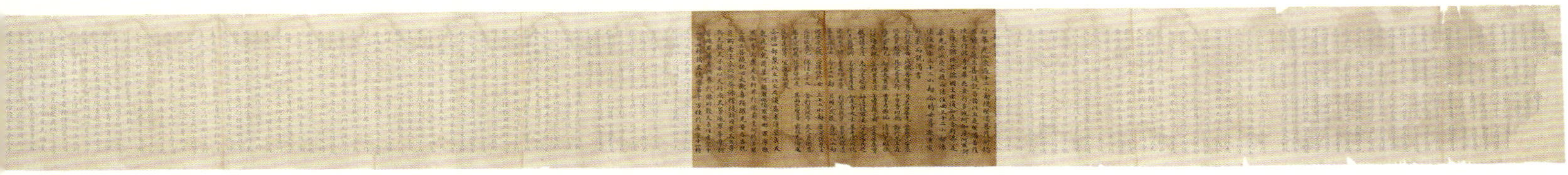

小劫除為王子未作佛時其國人民壽八
劫華光如來過十二小劫授堅滿菩薩阿耨
多羅三藐三菩提記告諸比丘是堅滿菩薩
次當作佛號曰華足安行多陀阿伽度阿羅訶
三藐三佛陀其佛國土亦復如是舍利弗是
華光佛滅度之後正法住世三十二小劫像
法住世亦三十二小劫尒時世尊欲重宣
此義而說偈言
舍利弗來世　成佛普智尊　號名曰華光　當度無量衆
供養無數佛　具足菩薩行　十力等功德　證於無上道
過無量劫已　劫名大寶嚴　世界名離垢　清淨無瑕穢
以瑠璃為地　金繩界其道　七寶雜色樹　常有華菓實
彼國諸菩薩　志念常堅固　神通波羅蜜　皆已悉具足
於無數佛所　善學菩薩道　如是等大士　華光佛所化

華光佛住世　壽十二小劫　其國人民衆　壽命八小劫
佛滅度之後　正法住於世　三十二小劫　廣度諸衆生
正法滅盡已　像法三十二　舍利廣流布　天人普供養
華光佛所爲　其事皆如是　其兩足聖尊　最勝无倫匹
彼即是汝身　宜應自欣慶
尒時四部衆比丘比丘尼優婆塞優婆夷天
龍夜叉乾闥婆阿脩羅迦樓羅緊那羅摩睺
羅伽等大衆見舍利弗於佛前受阿耨多羅
三藐三菩提記心大歡喜踊躍无量各各脫
身所著上衣以供養佛釋提桓因梵天王等
與无數天子亦以天妙衣天曼陁羅華摩訶
曼陁羅華等供養於佛所散天衣住虛空中
而自迴轉諸天伎樂百千万種於虛空中一時

而自迴轉諸天伎樂百千万種於虛空中一時
俱作雨衆天華而作是言佛昔於波羅柰初
轉法輪今乃復轉无上㝡大法輪尒時諸天
子欲重宣此義而說偈言
昔於波羅柰　轉四諦法輪　分別說諸法　五衆之生滅
今復轉㝡妙　无上大法輪　是法甚深奧　少有能信者
我等從昔來　數聞世尊說　未曾聞如是　深妙之上法
世尊說是法　我等皆隨喜　大智舍利弗　今得受尊記
我等亦如是　必當得作佛　於一切世間　㝡尊无有上
佛道叵思議　方便隨宜說　我所有福業　今世若過世
及見佛功德　盡迴向佛道
尒時舍利弗白佛言世尊我今无復疑悔親
於佛前得受阿耨多羅三藐三菩提記是諸

各自以離我見及有无見等謂得涅槃而今
於世尊前聞所未聞皆墮疑惑善哉世尊願
為四衆說其因緣令離疑悔尒時佛告舍利
弗我先不言諸佛世尊以種種因緣譬喻言
辞方便說法皆為阿耨多羅三藐三菩提耶
是諸所說皆為化菩薩故然舍利弗今當復
以譬喻更明此義諸有智者以譬喻得解舍
利弗若國邑聚落有大長者其年衰邁財
富无量多有田宅及諸僮僕其家廣大唯有
一門多諸人衆一百二百乃至五百人止住其
中堂閣朽故墻壁頹落柱根腐敗梁棟傾危
周帀俱時欻然火起焚燒舍宅長者諸子若
十二十或至三十在此宅中長者見是大火

十二十或至三十在此宅中長者見是大火
從四面起即大驚怖而作是念我雖能於此
所燒之門安隱得出而諸子等於火宅內樂
著嬉戲不覺不知不驚不怖火來逼身苦痛
切己心不猒患无求出意舍利弗是長者作
是思惟我身手有力當以衣裓若以几案從
舍出之復更思惟是舍唯有一門而復狹小
諸子幼稚未有所識戀著戲處或當墮落為
火所燒我當為說怖畏之事此舍已燒宜時
疾出无令為火之所燒害作是念已如所思惟
具告諸子汝等速出父雖憐愍善言誘喻
而諸子等樂著嬉戲不肯信受不驚不畏了
无出心亦復不知何者是火何者為舍云何

出必為所焚我今當設方便令諸子等得免
斯害父知諸子先心各有所好種種珍玩奇
異之物情必樂著而告之言汝等所可玩好
希有難得汝若不取後必憂悔如此種種羊
車鹿車牛車今在門外可以遊戲汝等於
此火宅宜速出来隨汝所欲皆當與汝尒時諸子
聞父所說珍玩之物適其願故心各勇銳互
相推排競共馳走爭出火宅是時長者見諸
子等安隱得出皆於四衢道中露地而坐无
復障礙其心泰然歡喜踊躍時諸子等各白
父言父先所許玩好之具羊車鹿車牛車願
時賜與舍利弗尒時長者各賜諸子等一
大車其車高廣衆寶莊校周帀欄楯四面懸

大車其車高廣衆寶莊校周帀欄楯四面懸
鈴又於其上張設幰蓋亦以珎奇雜寶而嚴
飾之寶繩交絡垂諸華瓔重敷綩綖安置丹
枕駕以白牛膚色充潔形體姝好有大筋力
行步平正其疾如風又多僕從而侍衛之所
以者何是大長者財富无量種種諸藏悉皆
充溢而作是念我財物无極不應以下劣小車
與諸子等今此幼童皆是吾子愛无偏黨
我有如是七寶大車其數无量應當等心各
各與之不宜差別所以者何以我此物周給一
國猶尚不遺何況諸子是時諸子各乘大車
得未曾有非本所望舍利弗於汝意云何
是長者等與諸子珎寶大車寧有虛妄不舍

為已得玩好之具況復方便於彼火宅而拔
濟之世尊若是長者乃至不與冣小一車猶
不虛妄何以故是長者先作是意我以方便
令子得出以是因緣无虛妄也何況長者自
知財富无量欲饒益諸子等與大車佛告舍
利弗善哉善哉如汝所言舍利弗如來亦復
如是則為一切世間之父於諸怖畏衰惱憂
患无明暗蔽永盡无餘而悉成就无量知見
力无所畏有大神力及智慧力具足方便智
慧波羅蜜大慈大悲常无懈惓恒求善事利
益一切而生三界朽故火宅為度衆生生老
病死憂悲苦惱愚癡暗蔽三毒之火教化令
得阿耨多羅三藐三菩提見諸衆生為生老

病死憂悲苦惱愚癡暗蔽三毒之火教化令
得阿耨多羅三藐三菩提見諸衆生爲生老
病死憂悲苦惱之所燒煮亦以五欲財利故受
種種苦又以貪著追求故現受衆苦後受地
獄畜生餓鬼之苦若生天上及在人間貧窮
困苦愛別離苦怨憎會苦如是等種種諸苦
衆生沒在其中歡喜遊戲不覺不知不驚不
怖亦不生厭不求解脫於此三界火宅東西
馳走雖遭大苦不以爲患舍利弗佛見此
已便作是念我爲衆生之父應拔其苦難與
无量无邊佛智慧樂令其遊戲舍利弗如來
復作是念若我但以神力及智慧力捨於方
便爲諸衆生讚如來知見力无所畏者衆生

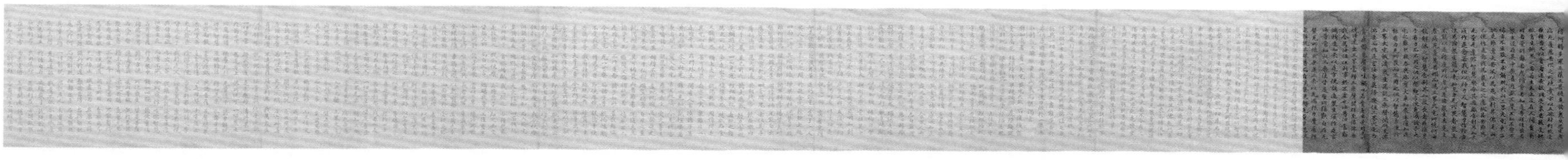

能解佛之智慧舍利弗如彼長者雖復身
手有力而不用之但以慇懃方便免濟諸子火
宅之難然後各與珍寶大車如來亦復如是
雖有力无所畏而不用之但以智慧方便於
三界火宅拔濟衆生為説三乘聲聞辟支佛
佛乘而作是言汝等莫得樂住三界火宅勿
貪麁弊色聲香味觸也若貪著生愛則為所
燒汝速出三界當得三乘聲聞辟支佛佛乘
我今為汝保任此事終不虚也汝等但當勤
脩精進如來以是方便誘進衆生復作是言
汝等當知此三乘法皆是聖所稱歎自在无
繫无所依求乘是三乘以无漏根力覺道禪
定解脱三昧等而自娛樂便得无量安隱快

定解脱三昧等而自娯樂便得无量安隱快
樂舍利弗若有衆生内有智性從佛世尊聞
法信受慇懃精進欲速出三界自求涅槃是
名聲聞乗如彼諸子爲求羊車出於火宅若
有衆生從佛世尊聞法信受慇懃精進求自
然慧樂獨善寂深知諸法因緣是名辟支佛
乗如彼諸子爲求鹿車出於火宅若有衆生
從佛世尊聞法信受勤脩精進求一切智佛
智自然智无師智如來知見力无所畏愍念
安樂无量衆生利益天人度脱一切是名大
乗菩薩求此乗故名爲摩訶薩如彼諸子爲
求牛車出於火宅舍利弗如彼長者見諸子
等安隱得出火宅到无畏處自惟財富无量

三界苦怖畏險道得涅槃樂如來尒時便作
是念我有无量无邊智慧力无畏等諸佛法
藏是諸衆生皆是我子等與大乘不令有人
獨得滅度皆以如來滅度而滅度之是諸衆
生脫三界者悉與諸佛禪定解脫等娛樂之
具皆是一相一種聖所稱歎能生淨妙第一
之樂舍利弗如彼長者初以三車誘引諸子
然後但與大車寶物莊嚴安隱第一然彼長
者无虛妄之咎如來亦復如是无有虛妄初
說三乘引導衆生然後但以大乘而度脫之
何以故如來有无量智慧力无所畏諸法之藏
能與一切衆生大乘之法但不盡能受舍利
弗以是因緣當知諸佛方便力故於一佛乘

能與一切衆生大乘之法但不盡能受舍利
弗以是因緣當知諸佛方便力故於一佛乘
分別說三佛欲重宣此義而說偈言
譬如長者　有一大宅　其宅久故　而復頓弊
堂舍高危　柱根摧朽　梁棟傾斜　基陛頹毀
牆壁圮坼　埿塗褫落　覆苫亂墜　椽梠差脫
周障屈曲　雜穢充遍　有五百人　止住其中
鵄梟鵰鷲　烏鵲鳩鴿　蚖蛇蝮蝎　蜈蚣蚰蜒
守宮百足　狖狸鼷鼠　諸惡蟲輩　交橫馳走
屎尿臭處　不淨流溢　蜣蜋諸蟲　而集其上
狐狼野干　咀嚼踐蹋　嚌齧死屍　骨肉狼藉
由是群狗　競來搏撮　飢羸慞惶　處處求食
鬪諍摣掣　啀喍嗥吠　其舍恐怖　變狀如是

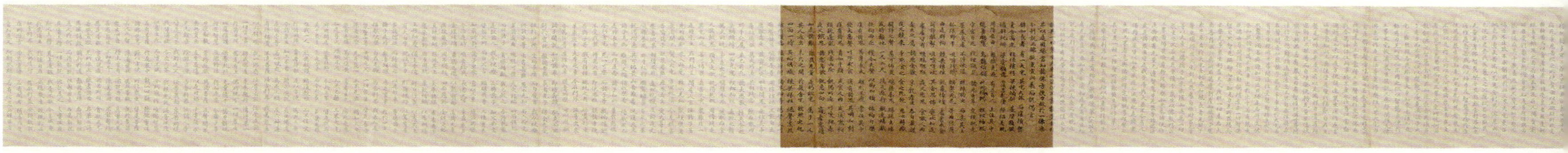

夜叉競來　爭取食之　食之既飽　惡心轉熾
鬪諍之聲　甚可怖畏　鳩槃荼鬼　蹲踞土埵
或時離地　一尺二尺　往反遊行　縱逸嬉戲
捉狗两足　撲令失聲　以脚加頸　怖狗自樂
復有諸鬼　其身長大　裸形黑瘦　常住其中
發大惡聲　叫呼求食　復有諸鬼　其咽如針
復有諸鬼　首如牛頭　或食人肉　或復噉狗
頭髮蓬亂　殘害凶險　飢渴所逼　叫喚馳走
夜叉餓鬼　諸惡鳥獸　飢急四向　窺看窓牖
如是諸難　恐畏无量　是朽故宅　屬于一人
其人近出　未久之間　於後舍宅　欻然火起
四面一時　其焰俱熾　棟梁椽柱　爆聲震裂
摧折墮落　牆壁崩倒　諸鬼神等　揚聲大叫

四面一時　其焰俱熾　棟梁椽柱　爆聲震裂
摧折墮落　墻壁崩倒　諸鬼神等　揚聲大叫
鵰鷲諸鳥　鳩槃荼等　周章惶怖　不能自出
惡獸毒虫　藏竄孔穴　毗舍闍鬼　亦住其中
薄福德故　為火所逼　共相殘害　飲血噉肉
野干之屬　並已前死　諸大惡獸　競來食噉
臭烟熢㶿　四面充塞　蜈蚣蚰蜒　毒蛇之類
為火所燒　爭走出穴　鳩槃荼鬼　隨取而食
又諸餓鬼　頭上火燃　飢渴熱惱　周章悶走
其宅如是　甚可怖畏　毒害火災　衆難非一
是時宅主　在門外立　聞有人言　汝諸子等
先因遊戲　來入此宅　稚小无知　歡娛樂著
長者聞已　驚入火宅　方宜救濟　令无燒害

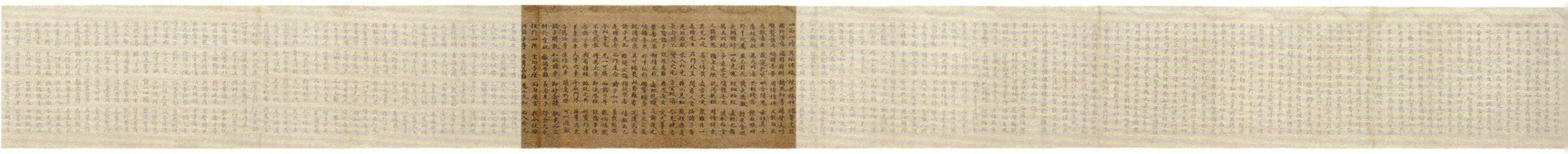

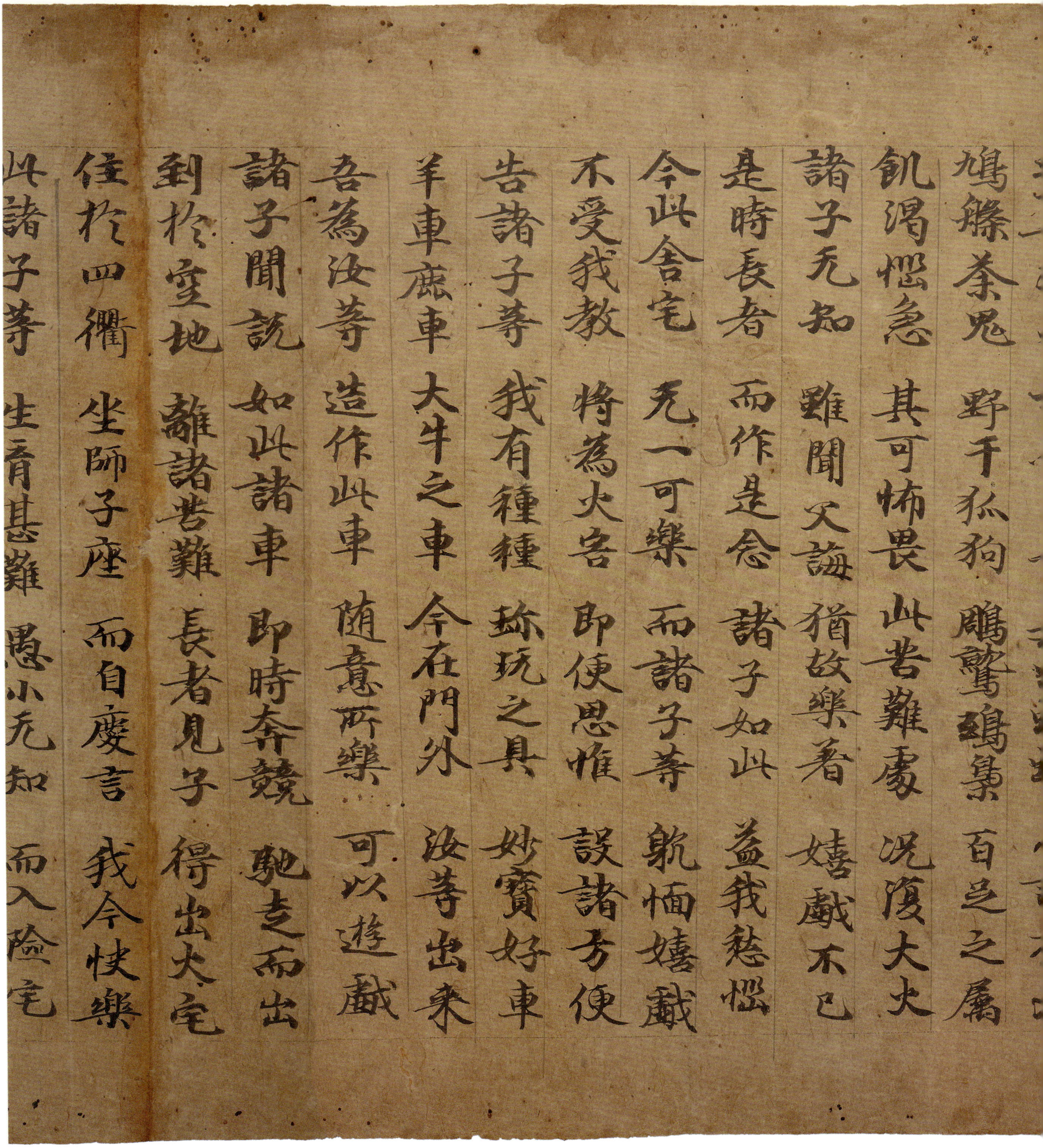

鳩槃荼鬼　野干狐狗　鵰鷲鵄梟　百足之屬
飢渴惱急　其可怖畏　此苦難處　況復大火
諸子无知　雖聞父誨　猶故樂著　嬉戲不已
是時長者　而作是念　諸子如此　益我愁惱
今此舍宅　无一可樂　而諸子等　躭湎嬉戲
不受我教　將為火害　即便思惟　設諸方便
告諸子等　我有種種　珍玩之具　妙寶好車
羊車鹿車　大牛之車　今在門外　汝等出來
吾為汝等　造作此車　隨意所樂　可以遊戲
諸子聞說　如此諸車　即時奔競　馳走而出
到於空地　離諸苦難　長者見子　得出火宅
住於四衢　坐師子座　而自慶言　我今快樂
此諸子等　生育甚難　愚小无知　而入險宅

BD00166　妙法蓮華經卷二

住於四衢　坐師子座　而自慶言　我今快樂
此諸子等　生育甚難　愚小无知　而入險宅
多諸毒蟲　魑魅可畏　大火猛焰　四面俱起
而此諸子　貪樂嬉戲　我已救之　令得脫難
是故諸人　我今快樂　尒時諸子　知父安坐
皆詣父所　而白父言　願賜我等　三種寶車
如前所許　諸子出來　當以三車　隨汝所欲
今正是時　唯垂給與　長者大富　庫藏眾多
金銀琉璃　車璖馬瑙　以眾寶物　造諸大車
庄校嚴飾　周帀欄楯　四面懸鈴　金繩交絡
真珠羅網　張施其上　金華諸瓔　處處垂下
眾采雜飾　周帀圍繞　柔軟繒纊　以為茵褥
上妙細疊　價直千億　鮮白淨潔　以覆其上
而大白牛　肥壯多力　形體姝好　以駕寶車

諸子是時　歡喜踊躍　乘是寶車　遊於四方
嬉戲快樂　自在无礙　告舍利弗　我亦如是
衆聖中尊　世間之父　一切衆生　皆是吾子
深著世樂　无有慧心　三界无安　猶如火宅
衆苦充滿　甚可怖畏　常有生老　病死憂患
如是等火　熾燃不息　如來已離　三界火宅
寂然閑居　安處林野　今此三界　皆是我有
其中衆生　悉是吾子　而今此處　多諸患難
唯我一人　能為救護　雖復教詔　而不信受
於諸欲染　貪著深故　是以方便　為說三乘
令諸衆生　知三界苦　開示演說　出世間道
是諸子等　若心決定　具足三明　及六神通
有得緣覺　不退菩薩　汝舍利弗　我為衆生

是諸子等 若心決定 具足三明 及六神通
有得緣覺 不退菩薩 汝舍利弗 我為衆生
以此譬喻 說一佛乘 汝等若能 信受是語
一切皆當 得成佛道 是乘微妙 清淨第一
於諸世間 為无有上 佛所悅可 一切衆生
所應稱讚 供養礼拜 无量億千 諸力解脫
禪定智慧 及佛餘法 得如是乘 令諸子等
日夜劫數 常得遊戲 與諸菩薩 及聲聞衆
乘此寶乘 直至道場 以是因緣 十方諦求
更无餘乘 除佛方便 告舍利弗 汝諸人等
皆是吾子 我則是父 汝等累劫 衆苦所燒
我皆濟拔 令出三界 我雖先說 汝等滅度
但盡生死 而實不滅 今所應作 唯佛智慧

若人小智　深著愛欲　為此等故　說於苦諦
衆生心喜　得未曾有　佛說苦諦　真實无異
若有衆生　不知苦本　深著苦因　不能暫捨
為是等故　方便說道　諸苦所因　貪欲為本
若滅貪欲　无所依止　滅盡諸苦　名第三諦
為滅諦故　脩行於道　離諸苦縛　名得解脫
是人於何　而得解脫　但離虛妄　名為解脫
其實未得　一切解脫　佛說是人　未實滅度
斯人未得　无上道故　我意不欲　令至滅度
我為法王　於法自在　安隱衆生　故現於世
汝舍利弗　我此法印　為欲利益　世間故說
在所遊方　勿妄宣傳　若有聞者　隨喜頂受
當知是人　阿鞞跋致　若有信受　此經法者

在所遊方 勿妄宣傳 若有聞者 隨喜頂受
當知是人 阿鞞跋致 若有信受 此經法者
是人已曾 見過去佛 恭敬供養 亦聞是法
若人有能 信汝所說 則為見我 亦見於汝
及比丘僧 并諸菩薩 斯法華經 為深智說
淺識聞之 迷惑不解 一切聲聞 及辟支佛
於此經中 力所不及 汝舍利弗 尚於此經
以信得入 況餘聲聞 其餘聲聞 信佛語故
隨順此經 非己智分 又舍利弗 憍慢懈怠
計我見者 莫說此經 凡夫淺識 深著五欲
聞不能解 亦勿為說 若人不信 毀謗此經
則斷一切 世間佛種 或復顰蹙 而懷疑惑
汝當聽說 此人罪報 若佛在世 若滅度後

其人命終　入阿鼻獄　具足一劫　劫盡更生
如是展轉　至无數劫　從地獄出　當墮畜生
若狗野干　其形頓瘦　黧黮疥癩　人所觸嬈
又復為人　之所惡賤　常困飢渴　骨肉枯竭
生受楚毒　死被瓦石　斷佛種故　受斯罪報
若作駱駝　或生驢中　身常負重　加諸杖捶
但念水草　餘无所知　謗斯經故　獲罪如是
有作野干　來入聚落　身體疥癩　又无一目
為諸童子　之所打擲　受諸苦痛　或時致死
於此死已　更受蟒身　其形長大　五百由旬
聾騃无足　宛轉腹行　為諸小蟲　之所唼食
晝夜受苦　无有休息　謗斯經故　獲罪如是
若得為人　諸根闇鈍　矬陋攣躄　盲聾背傴

若得爲人　諸根闇鈍　痤陋攣躄　盲聾背傴
有所言説　人不信受　口氣常臭　鬼魅所著
貧窮下賤　爲人所使　多病痟瘦　无所依怙
雖親附人　人不在意　若有所得　尋復忘失
若脩醫道　順方治病　更增他疾　或復致死
若自有病　无人救療　設服良藥　而復增劇
若他反逆　抄劫竊盜　如是等罪　橫羅其殃
如斯罪人　永不見佛　衆聖之王　説法教化
如斯罪人　常生難處　狂聾心亂　永不聞法
於无數劫　如恒河沙　生輒聾瘂　諸根不具
常處地獄　如遊園觀　在餘惡道　如己舍宅
駝驢猪狗　是其行處　謗斯經故　獲罪如是
若得爲人　聾盲瘖瘂　貧窮諸衰　以自莊嚴

身常臭處　垢穢不淨　深著我見　增益瞋恚
婬欲熾盛　不擇禽獸　謗斯經故　獲罪如是
告舍利弗　謗斯經者　若說其罪　窮劫不盡
以是因緣　我故語汝　无智人中　莫說此經
若有利根　智慧明了　多聞強識　求佛道者
如是之人　乃可為說　若人曾見　億百千佛
殖諸善本　深心堅固　如是之人　乃可為說
若人精進　常脩慈心　不惜身命　乃可為說
若人恭敬　无有異心　離諸凡愚　獨處山澤
如是之人　乃可為說　又舍利弗　若見有人
捨惡知識　親近善友　如是之人　乃可為說
若見佛子　持戒清潔　如淨明珠　求大乘經
如是之人　乃可為說　若人无瞋　質直柔軟

如是之人　乃可為說　若人无瞋　質直柔軟
常愍一切　恭敬諸佛　如是之人　乃可為說
復有佛子　於大衆中　以清淨心　種種因緣
譬喻言辭　說法无礙　如是之人　乃可為說
若有比丘　為一切智　四方求法　合掌頂受
但樂受持　大乘經典　乃至不受　餘經一偈
如是之人　乃可為說　如是至心　求佛舍利
如是求經　得已頂受　其人不復　志求餘經
亦未曾念　外道典籍　如是之人　乃可為說
告舍利弗　我說是相　求佛道者　窮劫不盡
如是等人　則能信解　汝當為說　妙法華經

妙法蓮華經信解品第四

尒時慧命須菩提摩訶迦栴延摩訶迦葉摩
[illegible]

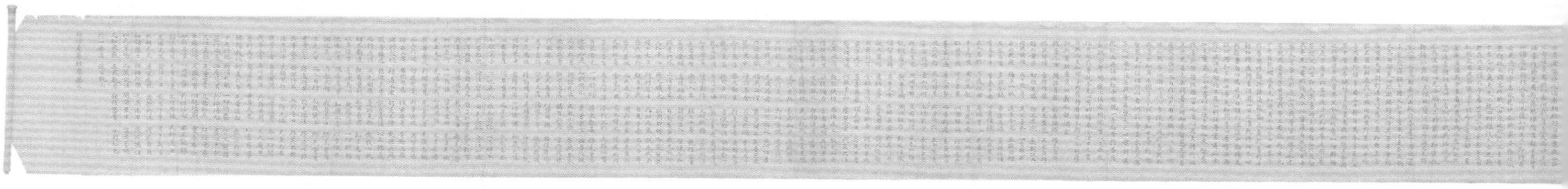

踊躍即從座起整衣服偏袒右肩右膝著地
一心合掌曲躬恭敬瞻仰尊顏而白佛言我
等居僧之首年並朽邁自謂已得涅槃无所
堪任不復進求阿耨多羅三藐三菩提世尊
往昔說法既久我時在座身體疲懈但念空
无相无作於菩薩法遊戲神通淨佛國土成
就眾生心不憙樂所以者何世尊令我等出
於三界得涅槃證又今我等年已朽邁於佛
教化菩薩阿耨多羅三藐三菩提不生一念
好樂之心我等今於佛前聞授聲聞阿耨多
羅三藐三菩提記心甚歡喜得未曾有不謂
於今忽然得聞希有之法深自慶幸獲大善
利无量珍寶不求自得世尊我等今者樂說

利无量珎寶不求自得世尊我等今者樂說
譬喻以明斯義譬若有人年既幼稚捨父逃
逝久住他國或十二十至五十歲年既長大
加復窮困馳騁四方以求衣食漸漸遊行遇
向本國其父先來求子不得中止一城其家
大富財寶无量金銀琉璃珊瑚虎珀頗梨珠
等其諸倉庫悉皆盈溢多有僮僕臣佐吏
民象馬車乘牛羊无數出入息利乃遍他國商
估賈客亦甚衆多時貧窮子遊諸聚落經
歷國邑遂到其父所止之城父每念子與子離
別五十餘年而未曾向人說如此事但自思惟
心懷悔恨自念老朽多有財物金銀珎寶

得子委付財物坦然快樂无復憂慮世尊尒
時窮子傭賃展轉遇到父舍住立門側遥見
其父踞師子床寶几承足諸婆羅門刹利居
士皆恭敬圍繞以真珠瓔珞價直千万莊嚴
其身吏民僮僕手執白拂侍立左右覆以寶
帳垂諸華幡香水灑地散衆名華羅列寶物
出内取與有如是等種種嚴飾威德特尊窮
子見父有大力勢即懷恐怖悔來至此竊作
是念此或是王或是王等非我傭力得物之
處不如往至貧里肆力有地衣食易得若久
住此或見逼迫強使我作作是念已疾走而
去時富長者於師子座見子便識心大歡喜
即作是念我財物庫藏今有所付我常思念

去時富長者於師子座見子便識心大歡喜
即作是念我財物庫藏今有所付我常思念
此子无由見之而忽自來甚適我願我雖年
朽猶故貪惜即遣傍人急追將還尒時使者
疾走往捉窮子驚愕稱怨大喚我不相犯何
為見捉使者執之逾急強牽將還于時窮子
自念无罪而被囚執此必定死轉更惶怖悶
絕躄地父遙見之而語使言不須此人勿強
將來以冷水灑面令得醒悟莫復與語所以
者何父知其子志意下劣自知豪貴為子所
難審知是子而以方便不語他人云是我子
使者語之我今放汝隨意所趣窮子歡喜得
未曾有從地而起往至貧里以求衣食尒時

作處倍與汝直窮若許將来使作若言欲
何所作便可語之雇汝除糞我等二人亦共
汝作時二使人即求窮子既已得之具陳上
事尒時窮子先取其價尋與除糞其父見子
愍而怪之又以他日於窓牖中遥見子身羸
瘦憔悴糞土塵坌污穢不淨即脱瓔珞細
軟上服嚴飾之具更著麁弊垢膩之衣塵土
坌身右手執持除糞之器狀有所畏語諸作
人汝等勤作勿得懈息以方便故得近其子後
復告言咄男子汝常此作勿復餘去當加汝
價諸有所須瓫器米麵塩酢之屬莫自疑難
亦有老弊使人須者相給好自安意我如汝
父勿復憂慮所以者何我年老大而汝少壯

BD00166　妙法蓮華經卷二

又勿復憂慮所以者何我年老大而汝少壯
汝常作時无有欺怠瞋恨怨言都不見汝有
此諸惡如餘作人自今已後如所生子即時長
者更與作字名之爲兒尒時窮子雖欣此
遇猶故自謂客作賤人由是之故於二十年
中常令除糞過是已後心相體信入出无難
然其所止猶在本處世尊尒時長者有疾自
知將死不久語窮子言我今多有金銀珎寶
倉庫盈溢其中多有所應取與汝悉知之我
心如是當體此意所以者何今我與汝便爲
不異宜加用心无令漏失尒時窮子即受教
勑領知衆物金銀珎寶及諸庫藏而无悕
取一飡之意然其所止故在本處下劣之心亦

族國王大臣剎利居士皆悉已集即自宣言
諸君當知此是我子我之所生於某城中捨
吾逃走竛竮辛苦五十餘年其本字某我名
某甲昔在本城懷憂推覓忽於此間遇會得
之此實我子我實其父今我所有一切財物
皆是子有先所出內是子所知世尊是時窮
子聞父此言即大歡喜得未曾有而作是念
我本无心有所悕求今此寶藏自然而至世
尊大富長者則是如來我等皆似佛子如來
常說我等爲子世尊我等三苦故於生死
中受諸熱惱迷惑无知樂著小法今日世尊令
我等思惟蠲除諸法戲論之糞我等於中
勤加精進得至涅槃一日之價既得此已心

我等思惟蠲除諸法戲論之糞我等於中
勤加精進得至涅槃一日之價既得此已心
大歡喜自以為足便自謂於佛法中勤精進
故所得弘多然世尊先知我等心著弊欲樂
於小法便見縱捨不為分別汝等當有如來
知見寶藏之分世尊以方便力說如來智慧
我等從佛得涅槃一日之價以為大得於此
大乘无有志求我等又因如來智慧為諸菩
薩開示演說而自於此无有志願所以者何
佛知我等心樂小法以方便力隨我等說而
我等不知真是佛子今我等知世尊於佛
智慧无所悋惜所以者何我等昔來真是佛
子而但樂小法若我等有樂大之心佛則為
我說大乘法於此經中唯說一乘而昔於菩薩

化是故我等說本无心有所悕求今法王大寶
自然而至如佛子所應得者皆已得之尒時摩
訶迦葉欲重宣此義而說偈言
我等今日　聞佛音教　歡喜踊躍　得未曾有
佛說聲聞　當得作佛　无上寶聚　不求自得
譬如童子　幼稚无識　捨父逃逝　遠到他土
周流諸國　五十餘年　其父憂念　四方推求
求之既疲　頓止一城　造立舍宅　五欲自娛
其家巨富　多諸金銀　車𤦲馬瑙　真珠琉璃
象馬牛羊　輦轝車乘　田業僮僕　人民衆多
出入息利　乃遍他國　商估賈人　无處不有
千万億衆　圍繞恭敬　常為王者　之所愛念
群臣豪族　皆共宗重　以諸緣故　往來者衆

群臣豪族　皆共宗重　以諸緣故　往来者衆
豪富如是　有大力勢　而年朽邁　益憂念子
夙夜惟念　死時將至　癡子捨我　五十餘年
庫藏諸物　當如之何　尒時窮子　求索衣食
從邑至邑　從國至國　或有所得　或无所得
飢餓羸瘦　體生瘡癬　漸次經歷　到父住城
傭賃展轉　遂至父舍　尒時長者　於其門內
施大寶帳　處師子座　眷屬圍繞　諸人侍衛
或有計筭　金銀寶物　出內財產　注記券疏
窮子見父　豪貴尊嚴　謂是國王　若是王等
驚怖自恠　何故至此　覆自念言　我若久住
或見逼迫　強驅使作　思惟是已　馳走而去
借問貧里　欲往傭力　長者是時　在師子座

何用衣食 使我至此 長者知子 愚癡狹劣
不信我言 不信是父 即以方便 更遣餘人
眇目矬陋 无威德者 汝可語之 云何相雇
除諸糞穢 倍與汝價 窮子聞之 歡喜隨來
為除糞穢 淨諸房舍 長者於牖 常見其子
念子愚劣 樂為鄙事 於是長者 著弊垢衣
執除糞器 往到子所 方便附近 語令勤作
既益汝價 并塗足油 飲食充足 薦席厚暖
如是苦言 汝當勤作 又以軟語 若如我子
長者有智 漸令入出 經二十年 執作家事
示其金銀 真珠頗梨 諸物出入 皆使令知
猶處門外 止宿草菴 自念貧事 我无此物
父知子心 漸已曠大 欲與財物 即聚親族

又知子心　漸已曠大　欲與財物　即聚親族
國王大臣　刹利居士　於此大衆　説是我子
捨我他行　經五十歲　自見子來　已二十年
昔於某城　而失是子　周行求索　遂來至此
凡我所有　舍宅人民　悉已付之　恣其所用
子念昔貧　志意下劣　今於父所　大獲珍寶
并及舍宅　一切財物　甚大歡喜　得未曾有
佛亦如是　知我樂小　未曾説言　汝等作佛
而説我等　得諸无漏　成就小乘　聲聞弟子
佛勅我等　説最上道　修習此者　當得成佛
我承佛教　為大菩薩　以諸因緣　種種譬喻
若干言辭　説无上道　諸佛子等　從我聞法
日夜思惟　精勤修習　是時諸佛　即授其記

如彼窮子　得近其父　雖知諸物　心不悕取
我等雖說　佛法寶藏　自无志願　亦復如是
我等內滅　自謂為足　唯了此事　更无餘事
我等若聞　淨佛國土　教化眾生　都无欣樂
所以者何　一切諸法　皆悉空寂　无生无滅
无大无小　无漏无為　如是思惟　不生喜樂
我等長夜　於佛智慧　无貪无著　无復志願
而自於法　謂是究竟　我等長夜　修習空法
得脫三界　苦惱之患　住最後身　有餘涅槃
佛所教化　得道不虛　則為已得　報佛之恩
我等雖為　諸佛子等　說菩薩法　以求佛道
而於是法　永无願樂　導師見捨　觀我心故
初不勸進　說有實利　如富長者　知子志劣

初不勸進　說有實利　如富長者　知子志劣
以方便力　柔伏其心　然後乃付　一切財物
佛亦如是　現希有事　知樂小者　以方便力
調伏其心　乃教大智　我等今日　得未曾有
非先所望　而今自得　如彼窮子　得无量寶
世尊我今　得道得果　於无漏法　得清淨眼
我等長夜　持佛淨戒　始於今日　得其果報
法王法中　久脩梵行　今得无漏　无上大果
我等今者　真是聲聞　以佛道聲　令一切聞
我等今者　真阿羅漢　於諸世間　天人魔梵
普於其中　應受供養　世尊大恩　以希有事
憐愍教化　利益我等　无量億劫　誰能報者
手足供給　頭頂礼敬　一切供養　皆不能報

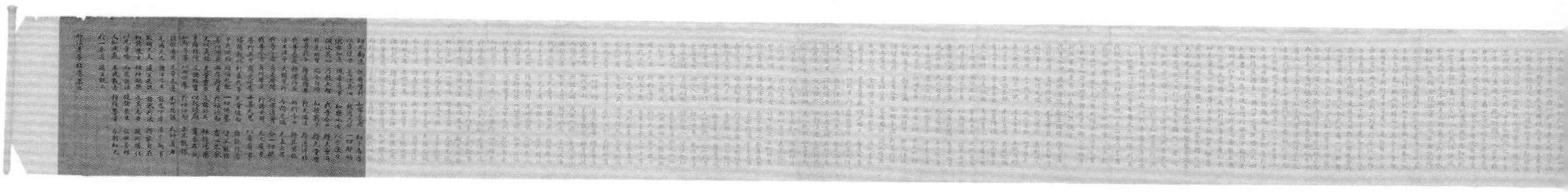

牛頭栴檀　及諸珎寶　以起塔廟　寶衣布施
如斯等事　以用供養　於恒沙劫　亦不能報
諸佛希有　无量无邊　不可思議　大神通力
无漏无為　諸法之王　能為下劣　忍于斯事
取相凡夫　隨宜為說　諸佛於法　得最自在
知諸衆生　種種欲樂　及其志力　隨所堪任
以无量喻　而為說法　隨諸衆生　宿世善根
又知成熟　未成熟者　種種籌量　分別知已
於一乘道　隨宜說三

妙法蓮華經卷第二

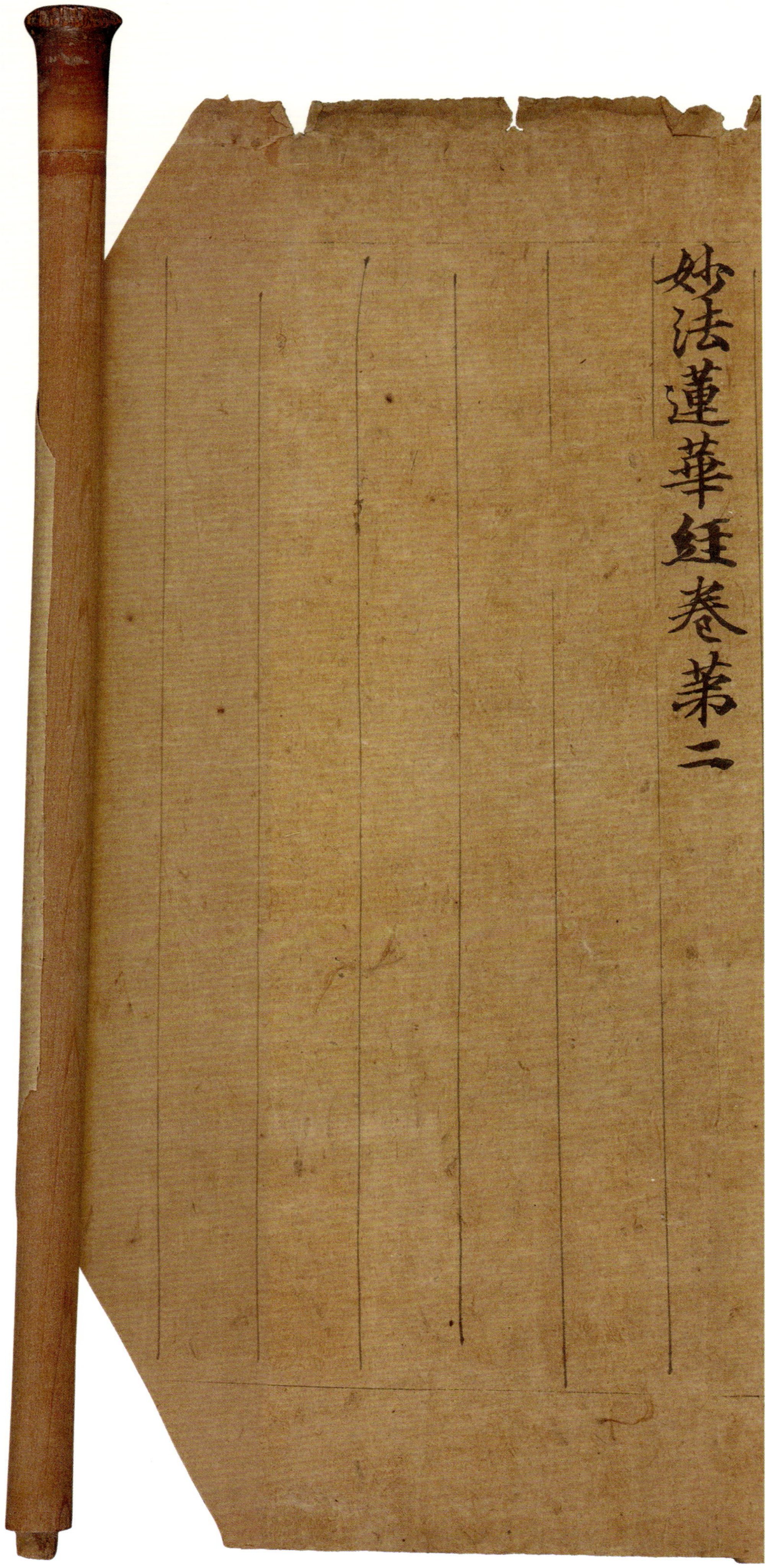
妙法蓮華經卷第二

BD00167 妙法蓮華經卷四

（後秦）鳩摩羅什 譯

BD00167v 勘記

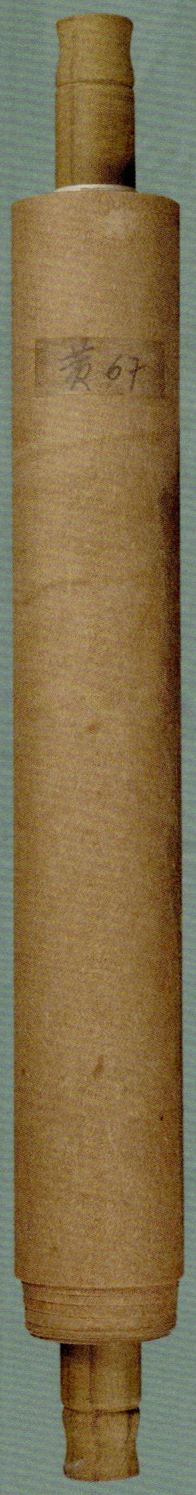

549.5cm × 25.5cm

護持助宣佛之
亦最第一又於諸佛所說空法明了通達得
四无礙智常能審諦清淨說法无有疑惑具
足菩薩神通之力隨其壽命常脩梵行彼佛
世人咸皆謂之實是聲聞而富樓那以斯方
便饒益无量百千衆生又化无量阿僧祇人令
立阿耨多羅三藐三菩提爲淨佛土故常作
佛事教化衆生諸比丘富樓那亦於七佛說
法人中而得第一今於我所說法人中亦爲
第一於賢劫中當來諸佛說法人中亦復第
一而皆護持助宣佛法亦於未來護持助宣
无量无邊諸佛之法教化饒益无量衆生令
立阿耨多羅三藐三菩提爲淨佛土故常勤

提号日法明如来應供正遍知明行足善逝世
間解无上士調御丈夫天人師佛世尊其佛以
恒河沙等三千大千世界為一佛土七寶為地
地平如掌无有山陵谿澗溝壑七寶臺觀充
滿其中諸天宮殿近處虛空人天交接兩得相
見无諸惡道亦无女人一切衆生皆以化生无
有婬欲得大神通身出光明飛行自在志念堅
固精進智慧普皆金色三十二相而自莊嚴其
國衆生常以二食一者法喜食二者禪悅食有
无量阿僧祇千万億那由他諸菩薩衆得大神
通四无礙智善能教化衆生之類其聲聞衆筭
數校計所不能知皆得具足六通三明及八解脫
其佛國土有如是等无量功德莊嚴成就劫名

其佛国土有如是等无量功德莊嚴成就劫名
寶明国名善淨其佛壽命无量阿僧祇劫法
住甚久佛滅度後起七寶塔遍滿其国尒時
世尊欲重宣此義而說偈言
諸比丘諦聽　佛子所行道　善學方便故　不可得思議
知衆樂小法　而畏於大智　是故諸菩薩　作聲聞緣覺
以无數方便　化諸衆生類　自說是聲聞　去佛道甚遠
度脫无量衆　皆悉得成就　雖小欲懈怠　漸當令作佛
內秘菩薩行　外現是聲聞　少欲厭生死　實自淨佛土
示衆有三毒　又現見邪相　我弟子如是　方便度衆生
若我具足說　種種現化事　衆生聞是者　心則懷疑惑
今此富樓那　於昔千億佛　勤脩所行道　宣護諸佛法
為求无上慧　而於諸佛所　現居弟子上　多聞有智慧

演暢如是 教諸千億衆 令住大乘法 而自淨佛土
未來亦供養 无量无數佛 護助宣正法 亦自淨佛土
常以諸方便 說法无所畏 度不可計衆 成就一切智
供養諸如來 護持法寶藏 其後得成佛 号名曰法明
其國名善淨 七寶所合成 劫名為寶明 菩薩衆甚多
其數无量億 皆度大神通 威德力具足 充滿其國土
聲聞亦无數 三明八解脫 得四无礙智 以是等為僧
其國諸衆生 婬欲皆已斷 純一變化生 具相莊嚴身
法喜禪悅食 更无餘食想 无有諸女人 亦无諸惡道
富樓那比丘 功德悉成滿 當得斯淨土 賢聖甚衆多
如是无量事 我今但略說
尒時千二百向羅漢心自在者作是念我等歡
喜得未曾有若世尊各見授記如餘大弟子

喜得未曾有若世尊各見授記如餘大弟子
者不亦快乎佛知此等心之所念告摩訶迦
葉是千二百阿羅漢我今當現前次第與
受阿耨多羅三藐三菩提記於此衆中我
大弟子憍陳如比丘當供養六万二千億佛然
後得成爲佛号曰普明如來應供正遍知明
行足善逝世間解无上士調御丈夫天人師
佛世尊其五百阿羅漢優樓頻螺迦葉伽耶
迦葉那提迦葉迦留陁夷優陁夷阿㝹樓馱
離婆多劫賓那薄拘羅周陁莎伽陁等皆當
得阿耨多羅三藐三菩提盡同一号名曰普明
尒時世尊欲重宣此義而説偈言
憍陳如比丘　當見无量佛　過阿僧祇劫　乃成等正覺

成昇妙樓閣　遊諸十方國　以无上供具　奉獻於諸佛
作是供養已　心懷大歡喜　須臾還本國　有如是神力
佛壽六万劫　正法住倍壽　像法復倍是　法滅天人憂
其五百比丘　次第當作佛　同号曰普明　轉次而授記
我滅度之後　某甲當作佛　其所化世間　亦如我今日
國土之嚴淨　及諸神通力　菩薩聲聞衆　正法及像法
壽命劫多少　皆如上所說　迦葉汝已知　五百自在者
餘諸聲聞衆　亦當復如是　其不在此會　汝當為宣說
尒時五百阿羅漢於佛前得授記已歡喜踊躍
即從座起到於佛前頭面礼足悔過自責世
尊我等常作是念自謂已得究竟滅度今
乃知之如无智者所以者何我等應得如來智
慧而便自以小智為足世尊譬如有人至親友

BD00167　妙法蓮華經卷四

慧而便自以小智爲足世尊譬如有人至親友
家醉酒而卧是時親友官事當行以无價寶
珠繫其衣裏與之而去其人醉卧都不覺知
起已遊行到於他國爲衣食故勤力求索甚
大艱難若少有所得便以爲足於後親友會
遇見之而作是言咄哉丈夫何爲衣食乃至
如是我昔欲令汝得安樂五欲自恣於某年日
月以无價寶珠繫汝衣裏今故現在而汝不
知勤苦憂惱以求自活甚爲癡也汝今可以此
寶貿易所須常可如意无所乏短佛亦如是
爲菩薩時教化我等令發一切智心而尋廢忘
不知不覺既得阿羅漢道自謂滅度資生艱
難得少爲足一切智願猶在不失今者世尊覺

而汝謂為實得滅度世尊我今乃知實是菩
薩得受阿耨多羅三藐三菩提記以是因緣
甚大歡喜得未曾有尒時阿若憍陳如等欲重
宣此義而說偈言
我等聞无上　安隱授記聲　歡喜未曾有　礼无量智佛
今於世尊前　自悔諸過咎　於无量佛寶　得少涅槃分
如无智愚人　便自以為足　譬如貧窮人　往至親友家
其家甚大富　具設諸餚饍　以无價寶珠　繫著內衣裏
默與而捨去　時卧不覺知　是人既已起　遊行詣他國
求衣食自濟　資生甚艱難　得少便為足　更不願好者
不覺內衣裏　有无價寶珠　與珠之親友　後見此貧人
苦切責之已　示以所繫珠　貧人見此珠　其心大歡喜
富有諸財物　五欲而自恣　我等亦如是　世尊於長夜

當有諸財物　五欲而自恣　我等亦如是　世尊於長夜
常愍見教化　令種无上願　我等无智故　不覺亦不知
得少涅槃分　自足不求餘　今佛覺悟我　言非實滅度
得佛无上慧　尒乃為真滅　我今從佛聞　受記莊嚴事
及轉次受決　身心遍歡喜

妙法蓮華經授學无學人記品第九

尒時阿難羅睺羅而作是念我等每自思惟設
得受記不亦快乎即從座起到於佛前頭面
礼足俱白佛言世尊我等於此亦應有分唯
有如來我等所歸又我等為一切世間天人阿
脩羅所見知識阿難常為侍者護持法藏
羅睺羅是佛之子若佛見授阿耨多羅三藐
三菩提記者我願既滿衆望亦足尒時學无

於佛前一心合掌瞻仰世尊如阿難羅睺羅所
願住立一面尒時佛告阿難汝於来世當得作
佛号山海慧自在通王如来應供正遍知明行
足善逝世間解无上士調御丈夫天人師佛世
尊當供養六十二億佛護持法藏然後得阿
耨多羅三藐三菩提教化二十千万億恒河沙
諸菩薩等令成阿耨多羅三藐三菩提國
名常立勝幡其土清淨瑠璃為地劫名妙
音遍滿其佛壽命无量千万億阿僧祇劫
若人於千萬億无量阿僧祇劫中算數校計
不能得知正法住世倍於壽命像法住世復
倍正法阿難是山海慧自在通王佛為十方
无量千万億恒河沙等諸佛如来所共讚嘆
稱其功德尒時世尊欲重宣此義而說偈言

稱其功德尒時世尊欲重宣此義而說偈言
我今僧中說　阿難持法者　當供養諸佛　然後成正覺
号曰山海慧　自在通王佛　其國土清淨　名常立勝幡
教化諸菩薩　其數如恒沙　佛有大威德　名聞滿十方
壽命无有量　以愍衆生故　正法倍壽命　像法復倍是
如恒河沙等　无數諸衆生　於此佛法中　種佛道因緣
尒時會中新發意菩薩八千人咸作是念我
等尚不聞諸大菩薩得如是記有何因緣而
諸聲聞如是決尒時世尊知諸菩薩心之所
念而告之曰諸善男子我與阿難等於空王
佛所同時發阿耨多羅三藐三菩提心阿難
常樂多聞我常勤精進是故我已得成阿耨
多羅三藐三菩提而阿難護持我法亦護

國土莊嚴所願具足心大歡喜得未曾有即時
憶念過去无量千万億諸佛法藏通達无㝵
如今所聞亦識本願尒時阿難而說偈言
世尊甚希有　令我念過去　无量諸佛法　如今日所聞
我今无所疑　安住於佛道　方便為侍者　護持諸佛法
尒時佛告羅睺羅汝於來世當得作佛号蹈七
寶華如來應供正遍知明行足善逝世間解
无上士調御丈夫天人師佛世尊當供養十
世界微塵等數諸佛如來常為諸佛而作長
子猶如今也是蹈七寶華佛國土莊嚴壽命
劫數所化弟子正法像法亦如山海慧自在
通王如來无異亦為此佛而作長子過是已
後當得阿耨多羅三藐三菩提尒時世尊欲

後當得阿耨多羅三藐三菩提尒時世尊欲
重宣此義而說偈言
我為太子時　羅睺為長子　我今成佛道　受法為法子
於未來世中　見无量億佛　皆為其長子　一心求佛道
羅睺羅密行　唯我能知之　現為我長子　以示諸衆生
无量億千万　功德不可數　安住於佛法　以求无上道
尒時世尊見學无學二千人其意柔軟寂然
清淨一心觀佛佛告阿難汝見是學无學二千
人不唯然已見阿難是諸人等當供養五十
世界微塵數諸佛如来恭敬尊重護持法
藏末後同時於十方國各得成佛皆同一号
名曰寶相如来應供正遍知明行足善逝世
閒解无上士調御丈夫天人師佛世尊壽命

是二千聲聞　今於我前住　悉皆與受記　未來當成佛
所供養諸佛　如上說塵數　護持其法藏　後當成正覺
各於十方國　悉同一名号　俱時坐道場　以證无上慧
皆名為寶相　國土及弟子　正法與像法　悉等无有異
咸以諸神通　度十方眾生　名聞普周遍　漸入於涅槃
尒時學无學二千人聞佛授記歡喜踊躍而
說偈言
世尊慧燈明　我聞授記音　心歡喜充滿　如甘露見灌

妙法蓮華經法師品第十

尒時世尊因藥王菩薩告八万大士藥王汝
見是大眾中无量諸天龍王夜叉乾闥婆阿
脩羅迦樓羅緊那羅摩睺羅伽人與非人及
比丘比丘尼優婆塞優婆夷求聲聞者求辟

BD00167　妙法蓮華經卷四

比丘比丘尼優婆塞優婆夷求聲聞者求辟
支佛者求佛道者如是等類咸於佛前聞妙
法華經一偈一句乃至一念隨喜者我皆與
授記當得阿耨多羅三藐三菩提佛告藥王
又如來滅度之後若有人聞妙法華經乃至一
偈一句一念隨喜者我亦與授阿耨多羅三藐
三菩提記若復有人受持讀誦解說書寫妙
法華經乃至一偈於此經卷敬視如佛種種
供養華香瓔珞末香塗香燒香繒蓋幢幡
衣服伎樂乃至合掌恭敬藥王當知是諸人
等已曾供養十万億佛於諸佛所成就大願
愍眾生故生此人間藥王若有人問何等眾
生於未來世當得作佛應示是諸人等於未

供養經卷華香瓔珞末香塗香燒香繒蓋
幢幡衣服伎樂合掌恭敬是人一切世間所
應瞻奉應以如來供養而供養之當知此人
是大菩薩成就阿耨多羅三藐三菩提哀愍
衆生願生此間廣演分別妙法華經何況盡
能受持種種供養者藥王當知是人自捨清
淨業報於我滅度後愍衆生故生於惡世廣
演此經若是善男子善女人我滅度後能竊
爲一人說法華經乃至一句當知是人則如來
使如來所遣行如來事何況於大衆中廣爲
人說藥王若有惡人以不善心於一劫中現於
佛前常毀罵佛其罪尚輕若人以一惡言毀
呰在家出家讀誦法華經者其罪甚重藥

若在家出家讀誦法華經者其罪甚重藥
王其有讀誦法華經者當知是人以佛莊嚴
而自莊嚴則為如來肩所荷擔其所至方
應隨向礼一心合掌恭敬供養尊重讚歎華香
瓔珞末香塗香燒香繒蓋幢幡衣服餚饌作
諸伎樂人中上供而供養之應持天寶而以
散之天上寶聚應以奉獻所以者何是人歡
喜說法須臾聞之即得究竟阿耨多羅三藐
三菩提故尒時世尊欲重宣此義而說偈言

若欲住佛道　成就自然智　常當勤供養　受持法華者
其有欲疾得　一切種智慧　常受持是經　并供養持者
若有能受持　妙法華經者　當知佛所使　愍念諸衆生
諸有能受持　妙法華經者　捨於清淨土　愍衆故生此

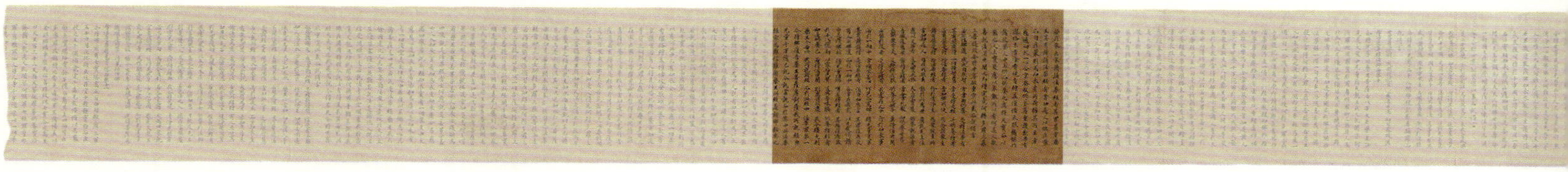

吾滅後惡世　能持是經者　當合掌礼敬　如供養世尊
上饌衆甘美　及種種衣服　供養是佛子　兾得須臾聞
若能於後世　受持是經者　我遣在人中　行於如來事
若於一劫中　常懷不善心　作色而罵佛　獲无量重罪
其有讀誦持　是法華經者　須臾加惡言　其罪復過彼
有人求佛道　而於一劫中　合掌在我前　以无數偈讚
由是讚佛故　得无量功德　嘆美持經者　其福復過彼
於十八億劫　以冣妙色聲　及與香味觸　供養持經者
如是供養已　若得須臾聞　則應自欣慶　我今獲大利
藥王今告汝　我所說諸經　而於此經中　法華冣第一
尒時佛復告藥王菩薩摩訶薩我所說經典
无量千万億已說今說當說而於其中此法華
經冣為難信難解藥王此經是諸佛秘要之

BD00167　妙法蓮華經卷四

經冣為難信難解藥王此經是諸佛秘要之
藏不可分布妄授與人諸佛世尊之所守護
從昔已來未曾顯說而此經者如來現在猶
多怨嫉況滅度後藥王當知如來滅後其能
書持讀誦供養為他人說者如來則為以衣
覆之又為他方現在諸佛之所護念是人有
大信力及志願力諸善根力當知是人與如
來共宿則為如來手摩其頭藥王在在處處
若說若讀若誦若書若經卷所住處皆應
起七寶塔極令高廣嚴飾不須復安舍利所
以者何此中已有如來全身此塔應以一切華
香瓔珞繒蓋幢幡伎樂歌頌供養恭敬尊
重讚嘆若有人得見此塔禮拜供養當知是

書持供養是法華經者當知是人未善行菩
薩道若有得聞是經典者乃能善行菩薩之
道其有衆生求佛道者若見若聞是法華經聞
已信解受持者當知是人得近阿耨多羅三
藐三菩提藥王譬如有人渴乏須水於彼高原
穿鑿求之猶見乾土知水尚遠施功不已轉
見濕土遂漸至泥其心決定知水必近菩薩
亦復如是若未聞未解未能修習是法華
經當知是人去阿耨多羅三藐三菩提尚遠
若得聞解思惟修習必知得近阿耨多羅三
藐三菩提所以者何一切菩薩阿耨多羅三
藐三菩提皆屬此經此經開方便門示真實
相是法華經藏深固幽遠无人能到今佛教

相是法華經藏深固幽遠无人能到今佛教
化成就菩薩而為開示藥王若有菩薩聞是
法華經驚疑怖畏當知是為新發意菩薩若
聲聞人聞是經驚疑怖畏當知是為增上慢
者藥王若有善男子善女人如來滅後欲為
四衆說是法華經者云何應說是善男子善
女人入如來室著如來衣坐如來座尒乃應
為四衆廣說斯經如來室者一切衆生中大
慈悲心是如來衣者柔和忍辱心是如來座
者一切法空是安住是中然後以不懈怠心為
諸菩薩及四衆廣說是法華經藥王我於
餘國遣化人為其集聽法衆亦遣化比丘比丘
尼優婆塞優婆夷聽其說法是諸化人聞法

雖在異國時時令說法者得見我身若於此
經忘失句逗我還為說令得具足尒時世尊
欲重宣此義而說偈言
欲捨諸懈怠　應當聽此經　是經難得聞　信受者亦難
如人渴須水　穿鑿於高原　猶見乾燥土　知水去尚遠
漸見濕土泥　決定知近水　藥王汝當知　如是諸人等
不聞法華經　去佛智甚遠　若聞是深經　決了聲聞法
是諸經之王　聞已諦思惟　當知此人等　近於佛智慧
若人說此經　應入如來室　著於如來衣　而坐如來座
處衆无所畏　廣為分別說　大慈悲為室　柔和忍辱衣
諸法空為座　處此為說法　若說此經時　有人惡口罵
加刀杖瓦石　念佛故應忍　我千万億土　現淨堅固身
於无量億劫　為衆生說法　若我滅度後　能說此經者

於无量億劫　為衆生說法　若我滅度後　能說此經者
我遣化衆生　比丘比丘尼　及清信士女　供養於法師
引導諸衆生　集之令聽法　若人欲加惡　刀杖及瓦石
則遣變化人　為之作衛護　若說法之人　獨在空閑處
寂寞无人聲　讀誦此經典　我尒時為現　清淨光明身
若忘失章句　為說令通利　若人具是德　或為四衆說
空處讀誦經　皆得見我身　若人在空閑　我遣天龍王
夜叉鬼神等　為作聽法衆　是人樂說法　分別无罣㝵
諸佛護念故　能令大衆喜　若親近法師　速得菩薩道
隨順是師學　得見恒沙佛

妙法蓮華經見寶塔品第十一

尒時佛前有七寶塔高五百由旬縱廣二百
五十由旬從地踊出住在空中種種寶物而莊

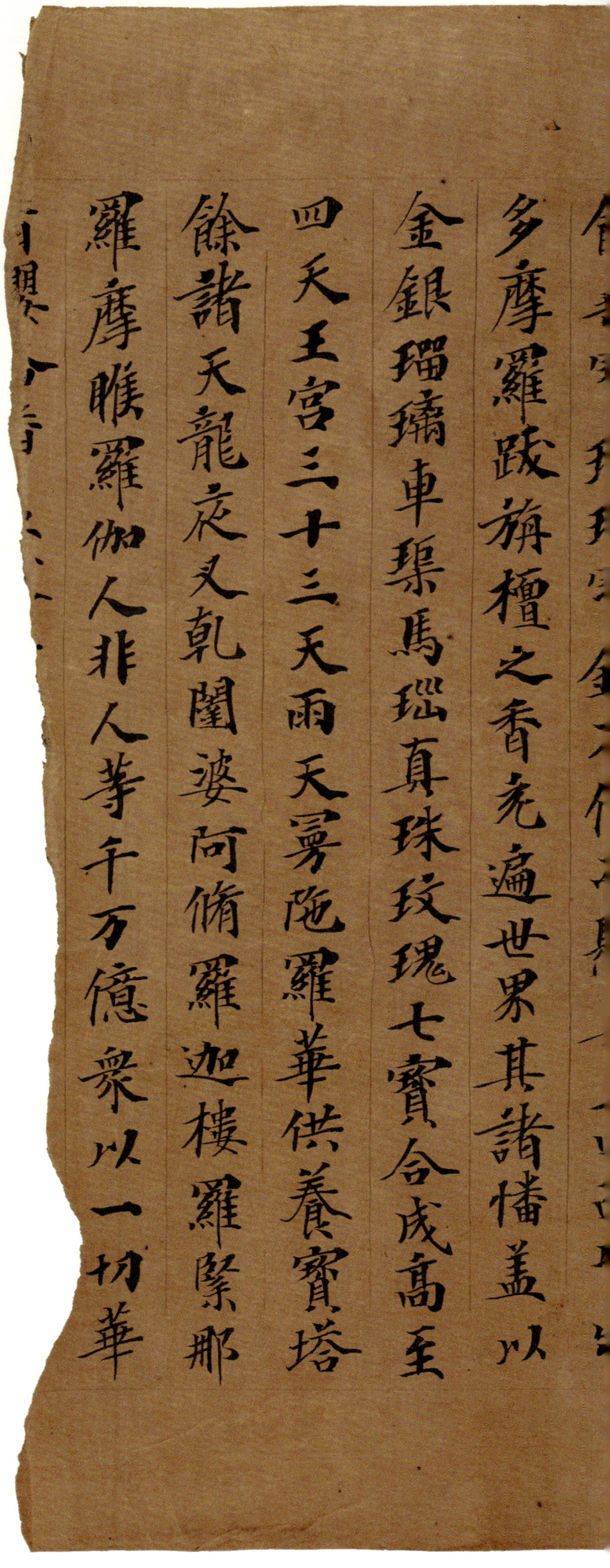

多摩羅跋旃檀之香充遍世界其諸幡蓋以
金銀瑠璃車渠馬瑙真珠玫瑰七寶合成高至
四天王宮三十三天雨天曼陁羅華供養寶塔
餘諸天龍夜叉乾闥婆阿脩羅迦樓羅緊那
羅摩睺羅伽人非人等千万億衆以一切華

BD00167v　勘記

BD00168 般若第分中略集義

492.7cm × 26.8cm

滴乳或無所食或恒熟眠現如是等種種苦行經於六年一無虧失
然實菩薩無斯苦行難度有情而自見有菩薩如是現苦行時有六十
那庾多諸天人眾同見此事安住三乘復有天人宿善根力深樂
大乘則見菩薩坐七寶臺正身心不動舒顏含咲入勝等持時經六年
方從定起有天人眾深樂大乘欲聽聞者則見菩薩端坐說法經六年
大法當知如是菩薩方便善巧行深般若波羅蜜多能降天魔伏諸
外道大悲化度一切有情既經六年從定而起隨順世法詣無
垢河洗浴出已於河邊立有牧牛女構百乳牛以飲一牛構此
乳用作乳糜(粥)奉獻菩薩復有六億天龍藥叉健達縛等皆持種
種香美飲食而來奉獻咸作是言大士大士唯願受我飲食供養
菩薩愍之皆悉為受時牧牛女天龍藥叉健達縛等手不相見各
見菩薩獨受其供時有無量諸天人等同見受供咸得悟道是故
菩薩為示現之菩薩亦時實不洗浴然不受彼人天等供大法當知如是菩
薩行深般若波羅蜜多方便善巧示現行詣蕧處時有地居天名曰
[illegible]

妙堦為天神衆周遍掃飾灑以香水散以妙花時此三千大千世界
四大天王領自天衆雨天妙花供養菩薩天主帝釋時分天王領自天衆
住虛空中奏天樂音讚嘆菩薩喜足天王領自天衆持七寶網弥覆
世界其網四角懸以金鈴皆雨衆寶供養菩薩善化天王領自天衆
持紫金網弥覆世界作諸天樂雨種種花供養菩薩自在天王領自在
天衆諸龍藥叉揵達縛等各持種種上妙供具供養菩薩堪忍界主
大梵天王既見菩薩處座梵告一切梵天衆言汝等當知今此
菩薩堅固甲冑而自莊嚴不違本誓心無厭怠諸菩薩行皆已滿足通
達無量有情行諸菩薩地皆得自在於諸有情心得清淨善知
一切根性差別通達如來甚深秘藏超覺一切魔事業集
諸善本不待外緣一切如來共所灌頂善為含識開解脫門大將導
師摧魔軍敵於大千界獨稱勇猛善施法藥為大聖王解脫灌
頂受法王位放智慧光普照一切於法不染譬如蓮花諸總持門无
不通達深廣難測猶若大海安固不動如妙高山智慧清淨無
諸垢濁內外皎潔如末尼珠於諸法相皆得自在梵行清白已到

諸垢濁内外皎潔如末尼珠於諸法相皆得自在梵行清白已到
究竟如是菩薩深般若波羅蜜多方便善巧爲度有情猶復
廣結跏趺坐降伏魔惡爲成十力四無所畏四無礙解及十八佛不
共法求無量無邊諸佛功德轉大法輪作師子吼以普施一切有情
各隨所宜皆令滿足爲諸有情法眼清淨以無上法降伏外道
欲求諸佛本願成就於一切法而得自在欲求可往供養菩薩大衆當知
如是菩薩深般若波羅蜜多方便善巧示現種種猶復度時於雙
足下千輻輪放大光無量殊妙光明普照地獄傍生鬼界其
中有情遇斯光者即皆離苦身心安樂時龍宮中有大龍王
名迦履迦遇斯光已生大歡喜告諸龍言此妙光明來照我
等今我身心安樂我於往昔曾見光時有如來出興
于世今放如是殊妙光明定知世間有佛出現即共嚴辦種種香
花衆妙珍財幢幡花蓋作諸伎樂往詣供養於龍王將諸
眷屬齎持供具普興大雲降灑香雨往詣菩薩作諸伎樂旋

設供養右遶菩薩讚嘆言發妙光明普令歡樂決定寬廣
佛出無疑種種奇珍莊嚴大地所生草木悉變成寶江河皆
靜無風浪聲唯此定知佛出於世猶梵日月光明不現西
趣清淨佛出無疑譬如女人少失父母年既長大忽然遇
得歡喜踊躍不能自勝一切世間觀佛出現各共歡慶又復
如是我今過去曾供諸佛今值法王人中師子是則我今生
不空過大法當知如是菩薩深般若波羅蜜多方便善巧復
樹下受草敷座右遶七帀正念端坐下方有情見如是於諸
大菩薩見各各八万四千天子各別敷一大師子座諸師子座衆寶
合成七寶羅網彌覆其上各於四角懸妙金鈴幢幡
繒蓋處處羅列菩薩遍此八万四千師子座上俱各安坐而
諸天子手不相見各謂菩薩獨坐我座證得無上正等菩提以
是因緣深生歡喜於無上覺見皆得不退大法當知如是

是因緣得生歡喜於無上覺皆得不退大菩薩常知如是
菩薩深般若波羅蜜多方便善巧眉間毫相放大光明普照
三千大千世界諸魔宮殿皆失威光時諸魔王咸作是念
以何緣故今此光明映蔽我等威光宮殿誰非菩薩坐菩提座
將證無上正等菩提念已共觀方見菩薩樹下坐金剛座見
已驚怖召集魔軍無量百千種種形貌種種仗種種幢幡
出種種聲能令聞者驚死毛孔並皆流血菩薩爾時以大悲力令
魔軍衆不能出聲是名菩薩深般若波羅蜜多方便善巧大
菩薩常知如是菩薩深般若波羅蜜多方便善巧憶念過去
無量億劫精進修行布施淨戒安忍精進靜慮般若
慈悲喜捨念住正斷神足根力覺支道支寂止妙觀三
明八解皆悉圓滿念已即申金色臂右手自摩其頂及正
遍身作如是言我欲摩撫有情衆普而起大悲時諸魔
王及彼眷屬聞菩薩語即皆顛仆菩薩爾時以大悲力令諸魔

衆聞空中聲汝可歸依能施無畏救護一切淨戒大仙處
及眷屬聞此聲已猶伏在地作如是言唯願大仙救濟我
命是時菩薩依深般若波羅蜜多方便善巧放大光明其有
遇者皆離怖畏魔及眷屬覩斯神變退怖歡喜二手交
懷大慈當知如是菩薩深般若波羅蜜多方便善巧令諸
有情所見各別謂或有見如是降魔或有有情不見斯
事或見菩薩但居草座或見菩薩處師子座或見菩薩在地而
坐或見空中坐師子座見菩提樹其相各別謂或見是
椑鉢羅樹或有見是天圖彩樹或見此樹衆寶合成
或見此樹高七多羅或見此樹八萬四千踰繕那量其師
子座四萬二千踰繕那量在此樹下菩薩坐之或見菩薩遊
戲空中或見坐於菩提樹下如是菩薩深般若波羅蜜多
方便善巧示現種種神通變化度諸有情大慈當知如是
菩薩深般若波羅蜜多方便善巧坐菩提座十方各如殑伽

菩薩深般若波羅蜜多方便善巧坐菩提座十方各如殑伽
沙界無量無數無邊菩薩皆悉來集住虛空中發種種聲
安慰菩薩令多安樂心生歡喜善哉大士勇猛精進速疾
成辦廣大吉祥心如金剛勿生怖懼神通遊戲利樂有
情能一刹那證一切智如是菩薩坐菩提座魔來擾亂都
不生聽一刹那以方便善巧能與般若波羅蜜多理趣相應
已至究竟通達一切知見覺了大法當知如是菩薩深般若
波羅蜜多方便善巧坐菩提座十方各如殑伽沙界所有諸佛
異口同音讚言善哉善哉大士乃能通達自然智無礙智
平等智無師智大悲莊嚴大法當知如是菩薩深般若波羅
蜜多方便善巧能作如是種種示現諸有情類或見菩薩
得菩提或見菩薩久已成佛或有但見一世界中四大天王各奉獻鉢
或復有見十方各如殑伽沙界四大天王各奉獻鉢爾時菩薩為
有情故總受衆鉢重疊掌中以手按之令合成一諸四

大[illegible]悟故按受彼鉢重疊掌中以手按之令合爲一[illegible]四
天王各不相見皆謂世尊獨受我鉢爾時便有八万天
子乘宿願力先來獻供彼於過去作是願言若菩薩
當成佛時願受我等冣初供養說是願時三萬菩薩得
無生忍復有三万六千菩薩於無上正等菩提得不退轉
八万人天遠塵離垢生淨法眼無量無邊諸有情類堪
發無上正等覺心
大法當知爾時菩薩依深般若波羅蜜多方便善巧將欲示
現轉大法輪堪忍界主持髻梵王應時便與六十八萬
諸梵天衆來至佛所頂禮雙足合掌恭敬右遶七匝而三讚
言唯々願々大悲哀愍我等轉大法輪唯々願々大悲哀愍我等轉大
法輪唯々願々大悲哀愍我等轉大法輪既三請已即便化作大
師子座其座高廣四万二千踰繕那量種々莊嚴堅固
安隱時十方界各有無量天王帝釋皆爲如來敷師子
座量及莊嚴各復如是菩薩爾時現神通力令彼諸天各見

座量及座藏亦復如是菩薩爾時現神通力令彼諸天亦見
菩薩其座上而轉法輪菩薩坐此師子座入無邊境三摩
地門放大光明照十方面亦如殑伽沙等世界復令彼界六種
震動其中有情衆皆暫息其身心安樂暫遠離貪瞋癡
等惡不善法無有相向猶如母子時此三千大千世界諸有間
隟於一毛孔天龍藥叉健達縛阿素洛揭路荼緊捺洛莫
呼洛伽人非人等充滿其中若諸有情應聞苦法而受化者
聞彼説法苦應聞法無我寂靜遠離無常空法而受化
者亦復如是應聞如幻而受化者聞説如幻應聞如夢響
像光影陽焰變化尋香城法而受化者亦復如是應聞空
無相無願解脫門而受化者聞彼説空無相無願時有情
類或聞如來説一切法從因緣生或聞説蘊或聞説界或聞
説處或聞説苦或聞説集或聞説滅或聞説道或有
聞説念住正斷神足根力覺支道支或有聞説寂止妙

聞說處所至甚深上深又[illegible]道[illegible]聞說處上妙
觀或有聞說諸聲聞行或有聞說諸獨覺行或有聞說
諸菩薩行如是菩薩深般若波羅蜜多方便善巧示現種種轉法
輪於隨諸有情根性差別令得利樂深心歡喜時舍利子
謂慶喜言天王菩薩深般若波羅蜜多方便善巧所有境
界極為甚深難思難議難知難入慶喜報言大德菩薩深般
若波羅蜜多方便善巧功德勝事無量無邊我今所說百分
千分乃至鄔波尼殺曇分不得其一唯有如來乃能盡說我今
所說彼少分者皆承如來威神之力何以故諸佛境界不可思
議一生所繫諸菩薩衆說其功德尚不能盡況餘菩薩大德當知
諸佛境界寂靜離說無分別智及後所得之所能了大德當
知若菩薩摩訶薩欲得證入諸佛境界應學般若波羅蜜多
方便善巧究竟通達健行三摩地如幻三摩地金剛喻三摩
地金剛輪三摩地無動慧三摩地遍通達三摩地不係境界
三摩地師子自在三摩地王三摩地功德莊嚴三摩地寂靜慧三摩

[illegible]
三摩地師自在三摩地王三摩地切法莊嚴三摩地寂靜慧三摩
地普超越三摩地無染著三摩地慧莊嚴王三摩地無求三
摩地等覺三摩地正覺三摩地攬意三摩地歡喜三摩地
清淨三摩地火焰三摩地光明三摩地難勝三摩地常現前
三摩地不和合三摩地無生三摩地通達三摩地寂勝三摩地
超過三摩地境三一切智慧三摩地幢相三摩地大悲三摩地安樂
三摩地愛念三摩地及不見門三摩地求大法當知菩薩摩訶薩
能學般若波羅蜜多方便善巧便能究竟通達此求無量
無邊殑伽沙數三摩地門乃能證入諸佛境界其心安隱無
所怖畏如師子王不畏禽獸何以故若菩薩摩訶薩修如是求
諸三摩地凡有所行皆無怖畏不見其前有一惡敵何以故
舍利子是菩薩摩訶薩行深般若波羅蜜多方便善巧心無
所緣無無所住譬如有人生無色界八万大劫唯有一識無有
住處亦無所緣如是菩薩行深般若波羅蜜多方便善巧心
無所緣亦無所住何以故[illegible]

無所緣心無所住何以故是諸菩薩心不行無行處心不想無
相處心不緣無緣處心不著無著處心不亂無亂處心無
高下心無違順無邊無盡無分別離無分別智奢摩他毗
鉢舍那心不隨智心不自住心不住他不依眼住不依耳鼻
舌身意住不依色不依聲香味觸法住心不在內心不在外
不在兩間心不緣法心不緣智不住三世不住離世法是法即大法
當知是諸菩薩行深般若波羅蜜多方便善巧不取一法而於諸法
智見無礙心行淨故見一切法皆是無始不取見相見無分別離
諸戲論大法當知是諸菩薩行深般若波羅蜜多方便善巧不
與一切肉眼天眼慧眼法眼佛眼相應非不相應名復不與一切
天耳他心宿住神境漏盡諸智相應非不相應大法當知甚
深般若波羅蜜多方便善巧與一切法皆非相應非不相應
諸菩薩摩訶薩行深般若波羅蜜多方便善巧於一切法得平
等智能觀一切有情心行一切染淨皆如實知於佛十力四無所
畏四無礙解及十八佛不共法及無量無邊諸佛功德皆不失念

畏四無礙解及十八佛不共法等無量无邊諸佛功德皆不失念
是諸菩薩深般若波羅蜜多方便善巧無功用心達一切法
無心意識常在寂定不起寂定教化有情隨緣佛事常不
休息於諸佛法得無礙智無心深著譬如化佛化作如來所
化事業無心意識無分別業無語無語業無意無意業而
能隨住一切佛事饒益有情何以故以神力故如是菩薩深般若
波羅蜜多方便善巧之所化緣無分別業無語無語業無意
業無功用心常緣佛事饒益有情何以故舍利子諸菩薩所
證深般若波羅蜜多方便善巧通達諸法皆如幻事心無
分別而諸有情恒聞說法大慈當知是諸菩薩所有智慧不
住有爲不住無爲不住諸蘊及諸界處不住內外及兩中間不
住善惡及世出世不住染淨有漏無漏有爲無爲不住三世
及離三世不住虛空釋非釋識是諸菩薩深般若波羅蜜多
方便善巧雖常於是心無所住而能通達諸法於以无礙智无

切用心為諸有情宣說諸法常在寂靜而教化眾生無有休息
是諸菩薩有大勢力强充切用心為他說法是諸菩薩由深般若波
羅蜜多方便善巧常無怖畏何以故執金剛神若行若立若坐
若卧恒常隨逐而守衛故大德當知若菩薩摩訶薩聞說如
是甚深般若波羅蜜多心不驚怖無惑無疑當知已得受
記何以故信受般若波羅蜜多方便善巧近佛境界以
此一心即能通達一切佛法達佛法故利樂有情不見有情
與佛法異何以故有情佛法理無二故

尒時曼殊室利菩薩摩訶薩從座而起頂礼佛足偏覆
右肩右膝著地合掌恭敬白言世尊諸菩薩摩訶薩經幾劫
數行深般若波羅蜜多供養幾佛而能對揚如來所說甚
深般若波羅蜜多如來勝天王者佛告曼殊室利菩薩摩訶
薩言善男子如是如是不可思議若非無量百千大劫積集

薩言善男子如是〻〻〻不可思議若非無量百千大劫修集
衆行種諸善根則不得聞甚深般若波羅蜜多功德名字
善男子十方各如殑伽沙界其中所有諸殑伽沙尚可知數是
菩薩摩訶薩行深般若波羅蜜多所經劫數供養諸佛俱不可知
善男子過去無量無數無邊難思議劫有佛出世名曰多聞
十號具足劫名增上國名日光多聞如來為諸菩薩摩訶薩說清
淨行門言善男子汝應精勤修諸善行勿顧身命時彼會
中有一菩薩名精進力即從座起頂禮佛足偏覆右肩右膝著
地合掌恭敬而白佛言世尊所說汝應精勤修諸善行勿顧
身命如我解佛所說義者諸菩薩摩訶薩宜應懈怠不修善行
乃能速證無上菩提所以者何若諸菩薩勤修衆善是則不能
久住生死利樂有情然諸菩薩行深般若波羅蜜多伏斷煩惱
久住生死證不自為速證菩提但為利樂諸有情故菩薩以處生
死為樂不以菩提而為樂也何以故諸菩薩摩訶薩以死有情而為
[illegible]

樂故謂隨所樂方便善巧說授法門令得安樂若勤於善便
速盡漏不能利樂一切有情是故菩薩觀察生死多諸苦惱起
大悲心不捨有情成就本願世尊諸菩薩摩訶薩具方便力久住
生死得見無量無邊如來聽受無量無邊正法修道無量
無邊有情是故菩薩爲如是事不厭生死不樂涅槃世尊諸菩薩摩訶
薩若觀生死而起厭怖欣樂涅槃則隨非道不能利樂一切有情
通達如來甚深境界云何非道謂樂聲聞及獨覺地於有情
類無大悲心所以者何聲聞獨覺所行之道非諸菩薩摩訶薩道
何以故聲聞獨覺厭怖生死欣樂涅槃不能具足福德智慧以是
善故非菩薩道時多聞佛即便讚歎精進力言善哉善哉如汝所說諸
菩薩摩訶薩應於自所分首非道時精進力白言世尊何謂菩薩自
所行道多聞佛言菩薩成就一切福慧以大悲力不捨有情未遠離聲
聞及獨覺地得無生忍不捨三界無所希望生長善根方便善
巧修行一切波羅蜜多以智慧力無分別心生長善根成就盡智

巧修習一切波羅蜜多以智慧力無分別心生長善根成就盡資
無量功德雖知諸法無一可生而方便現生雖知有情無一實有
而方便化導知一切法皆離自性觀諸佛土雖如虛空而能巧便
嚴淨佛土知一切佛法身無像方便示現相好莊嚴隨諸有情心
所好樂即能方便而授與之菩薩心雖常寂靜而說諸法化道
有情然以巧便遠離喧雜修諸寂定知自性空悉能通達
甚深智慧能以方便為他說法不證聲聞獨覺乘果勤求如來
所證解脫不捨菩薩一切道行善男子是名菩薩自所行道最殊勝利時
精進力從彼如來聞說菩薩所行境界行未曾有即復白言聞佛
言希有世尊如我解佛所說義者菩薩具是方便善巧觀一切法
無非是道譬如虛空含容衆色如是菩薩具大方便所行之道
攝一切法又如虛空一切草木花菓香樹因之生長如是諸物於虛
空界不能染淨不令勝喜如是菩薩具大方便甚深般若波羅蜜
多觀一切法皆悉是道謂異生故若聲聞法若獨覺法若菩薩法若

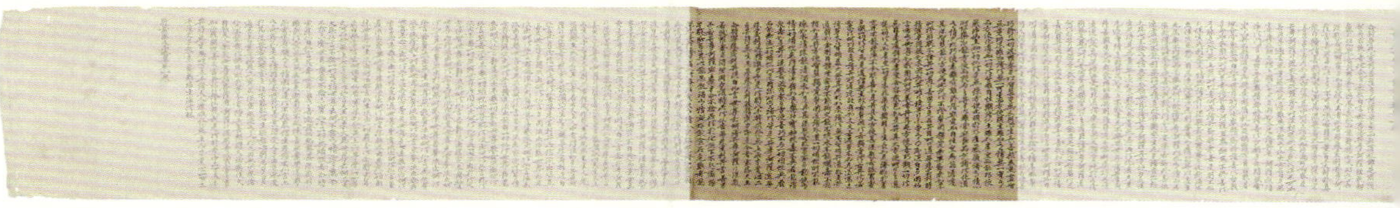

槃法何以故是諸菩薩所通達故譬如大火若遇草木必无退還是
諸草木皆順益火發其光明如是諸法無不皆順菩薩道故又菩薩
道譬如金剛自體堅密刀不能斫火能不燒水不能爛毒不能
損如是菩薩方便智慧獨覺聲聞及諸外道一切煩惱所不能
壞如水清珠能清濁水如是菩薩甚深般若波羅蜜多能使有
情一切煩惱悉得清淨譬如良藥妙寶神珠毒不共居能消
衆毒如是菩薩行深般若波羅蜜多方便善巧不與一切煩惱共居
而能斷滅一切煩惱以是因緣所以諸法皆是菩薩摩訶薩道曼
殊室利彼精進力說是法時八千菩薩俱發無上正等覺心二
百菩薩得無生忍曼殊室利彼精進力即是今者京勝天王
尔時曼殊室利菩薩復白佛言世尊云何諸菩薩摩訶薩行深般
若波羅蜜多得堅固力護持正法佛告曼殊室利菩薩言善男
子若菩薩摩訶薩寧棄身命不捨正法於他嫌下不起憍慢
卑賤恥辱其心能忍飢渴受情施將飲食在危難者能

卑賤恥辱其心能忍飢渴有情施將飲食在危難者能
施無畏於諸疾病有情療治資具乏有情令豐財寶諸佛靈廟
修建嚴飾無有施過善有先揚惡皆有情則施安樂是菩
薩摩訶薩行深般若波羅蜜多得堅固力護持正法曼殊室利
復白佛言世尊云何諸菩薩摩訶薩行深般若波羅蜜多能調伏
心佛告曼殊室利菩言善男子若菩薩摩訶薩行深般若波羅
蜜多不顧他有先思後行心性調直離諸曲行不自矜高意常棄
卑是菩薩摩訶薩能調伏心曼殊室利復白佛言若菩薩摩訶薩
行深般若波羅蜜多能調伏心當生何趣佛告曼殊室利菩言
善男子若菩薩摩訶薩行深般若波羅蜜多能調伏心或生天上
或生人中若生天上則為帝釋或作梵王堪忍界主生人趣
作轉輪王或作餘王長者居士天上人中常得值佛是菩薩摩訶
薩行深般若波羅蜜多能調伏心生如是趣曼殊室利復白
佛言世尊云信流出何行佛告曼殊室利菩云信流出何真

佛言世尊[illegible][illegible]流出何所佛言是殊密和平正信流出所[illegible]
善友世尊多聞流出何所佛言多聞流出妙慧世尊布施
流出何所佛言布施流出大富世尊淨戒流出何所佛言淨戒
流出善趣世尊安忍流出何所佛言安忍流出容受一切有情
世尊精進流出何所佛言精進流出能辦一切佛所世尊靜慮
流出何所佛言靜慮流出遠離一切散動世尊般若流出何所
佛言般若流出遠離一切煩惱世尊聽所流出何所佛言聽所
流出遠離一切疑網世尊正聞流出何所佛言正聞流出於所決
定妙智世尊寂靜流出何所佛言寂靜流出勝定及諸神通
世尊正修流出何所佛言正修流出最道世尊無常聲流出何
所佛言無常聲流出於境無所攝護世尊苦聲流出何所
佛言苦聲流出無生世尊無我聲流出何所佛言無我聲
流出滅除我所執世尊空聲流出何所佛言空聲流出寂靜
世尊正念流出何所佛言正念流出聖見世尊身心遠離流出何所
佛言身心遠離流出一切妙定神通世尊聖道流出何所佛言聖

佛言多心遠離流出一切妙空之神通世尊聖道流出何法佛言聖
道流出聖果世尊勝解流出何法佛言勝解流出成就一切解
脫世尊佛生流出何法佛言佛生流出一切種多法尒時寘殊
前白佛言云何佛生佛告寘殊如發無上正等覺心世尊
云何而發無上正等覺心佛言天王如來大悲世尊云何聖
大悲佛言不捨一切有情世尊云何不捨有情佛言應如
不捨三寶世尊誰能不捨三寶佛言一切無煩惱者尒時
寘殊師白佛言甚奇世尊希有善逝諸佛祕密甚深微妙
雖說法空無生無滅本來寂靜而不破壞善惡業果遠離
斷常世尊頻有〻情聞如是法不起敬信生毀謗不佛言亦
有〻世尊如是有情曰過去世修行善業得受人身由近惡友
於甚深般若波羅蜜多法不能敬信生毀謗心則為辜負
過去善業諸佛見法寶為深重假使有人以己肉血供養諸
佛然不能報如佛恩故我等今者增長善根得大法樂住大

於空不能乾竭佛眼故乎等者為長七善根得大涅槃住大
自在天人眾敬世尊諸菩薩摩訶薩行深般若波羅蜜多應
知修習親近善友當勤修行證修複說是法時眾中二万五千
菩薩得無生忍四万五千諸天人眾俱發無上正等覺心一万二
千諸天子眾遠塵離垢生淨法眼

般若第分中略集義一卷

般若第分中略集義一卷

BD00169　無量壽宗要經（甲本）

210cm × 30cm

大乘无量壽經
如是我聞一時薄伽梵在舍衛國祇樹給孤獨園與大苾芻僧千二百五十人大
菩薩摩訶薩衆俱同會坐尒時世尊告曼殊室利童子曼殊上方有世界名无
量功德聚彼土有佛号无量壽智决定王如來阿耨多羅三藐三菩提現為衆
生開示説法曼殊諦聽南閻浮提人皆短壽大限百年於中殘枉橫死者衆曼殊如
是无量壽如來功德名稱法要若有衆生得聞名号若自書或使人書能為經卷受
持讀誦若於舍宅所住之處以種種花鬘瓔珞塗香末香而為供養如其命盡復得
延年滿足百歲如是曼殊若有衆生得聞是无量智壽决定王如來一百八名号者益
其長壽若有衆生大命將盡憶念是如來名号更得增壽如是曼殊若有善男子
善女人欲求長壽於是无量壽如來一百八名号有得聞者或自書若使人書受持
讀誦得如是等果報福德具足陁羅尼曰
南无薄伽勃底 阿波唎蜜多 阿喻紇硯娜 須毗你悉指陁 囉佐耶 怛他羯他耶
怛姪他唵 薩婆桒悉迦囉 波唎輸底 達磨底 伽迦娜 莎訶某特迦底 薩

命盡復滿百年壽終此身後得往生无量福智世界无量壽淨土陁羅尼曰
南无薄伽勃底 阿波唎蜜多 阿喻紇硯娜 須毗你恙指陁 囉佐耶 怛他羯他耶
怛姪他唵 薩婆桒恙迦囉 波唎輸底 達磨底 伽迦娜 莎訶其特迦底 十三
尒時有九十九姟佛等一時同聲說是无量壽宗要经陁羅尼曰
南无薄伽勃底 阿波唎蜜多 阿喻紇硯娜 須毗你恙指陁 囉佐耶 怛他羯他耶
怛姪他唵 薩婆桒恙迦囉 波唎輸底 達磨底 伽迦娜 莎訶其特迦底 薩
婆婆毗輸底 摩訶娜耶 波唎婆嚩莎訶
尒時復有一百四姟佛一時同聲說是无量壽宗要经陁羅尼曰
南无薄伽勃底 阿波唎蜜多 阿喻紇硯娜 須毗你恙指陁 囉佐耶 怛他羯他耶
怛姪他唵 薩婆桒恙迦囉 波唎輸底 達磨底 伽迦娜 莎訶其特迦底 十三
薩婆婆毗輸底 摩訶娜耶 波唎婆嚩莎訶
尒時復有七姟佛一時同聲說是无量壽宗要经陁羅尼曰
南无薄伽勃底 阿波唎蜜多 阿喻紇硯娜 須毗你恙指陁 囉佐耶 怛他羯他耶
怛姪他唵 薩婆桒恙迦囉 波唎輸底 達磨底 伽迦娜 莎訶其特迦底
薩婆婆毗輸底 摩訶娜耶 波唎婆嚩莎訶
尒時復有六十五姟佛一時同聲說是无量壽宗要经陁羅尼曰

尒時復有六十五殑佛一時同聲說是无量壽宗要經陁羅尼曰
南无薄伽勃底 阿波唎蜜多 阿喻紇硯娜 須毗你恚指陁 囉佐耶 怛他羯
他耶 怛姪他唵 薩婆桑悉迦囉 波唎輸底 達磨底 伽迦娜 莎訶某持迦
底 薩婆婆毗輸底 摩訶娜耶 波唎婆嚩莎訶
尒時復有五十五殑佛一時同聲說是无量壽宗要經陁羅尼曰
南无薄伽勃底 阿波唎蜜多 阿喻紇硯娜 須毗你恚指陁 囉佐耶 怛他羯他
耶 怛姪他唵 薩婆桑悉迦 波唎輸底 達磨底 伽迦娜 莎訶某持迦底
薩婆婆毗輸底 摩訶娜耶 波唎婆嚩莎訶
尒時復有四十五殑佛一時同聲說是无量壽宗要經陁羅尼曰
南无薄伽勃底 阿波唎蜜多 阿喻紇硯 須毗你恚指陁 囉佐耶 怛他羯他耶
怛姪他唵 薩婆桑悉迦囉 波唎輸底 達磨底 伽迦娜 莎訶某持迦底十二
薩婆婆毗輸底 摩訶娜耶 波唎婆嚩莎訶
尒時復有三十六殑佛一時同聲說是无量壽宗要經陁羅尼曰
南无薄伽勃底 阿波唎蜜多 阿喻紇硯娜 須毗你恚指陁 囉佐耶 怛他羯他
耶 怛姪他唵 薩婆桑悉迦囉 波唎輸底 達磨底 伽迦娜 莎訶某持迦
底 薩婆婆毗輸底 摩訶娜耶 波唎婆嚩莎訶

耶　怛姪他唵　薩婆桒悉迦囉　波唎輸底　達磨底　伽迦娜　莎訶某特迦底
薩婆娑毗輸底　摩訶娜耶　波唎婆嚩莎訶
尒時復有恒河沙娩佛一時同聲説是无量壽宗要经陁羅尼日
南无薄伽勃底　阿波唎蜜哆　阿喻紇硯娜　須毗你悉指陁　囉佐耶　怛他羯他耶
怛姪他唵　薩婆桒悉迦羅　波唎輸底　達磨底　伽迦娜　莎訶某特迦底　薩婆
婆娑毗輸底　摩訶娜耶　波唎婆嚩莎訶
善男子若有自書寫教人書寫是无量壽宗要经如其命盡復得長壽而滿百年陁羅尼日
南无薄伽勃底　阿波唎蜜哆　阿喻紇硯娜　須毗你悉指陁　囉佐耶　怛他羯他耶　怛姪
他唵　薩婆桒悉迦囉　波唎輸底　達磨底　伽迦娜　莎訶某特迦底　薩婆娑毗
輸底　摩訶娜耶　波唎婆嚩莎訶
若有自書寫教人書寫是无量壽宗要经讀誦受持畢竟不墮地獄在在所
生得宿命智陁羅尼日
南无薄伽勃底　阿波唎蜜哆　阿喻紇硯娜　須毗你悉指陁　囉佐耶　怛他羯他耶
怛姪他唵　薩婆桒悉迦囉　波唎輸底　達磨底　伽迦娜　莎訶某特迦底　十二
薩婆娑毗輸底　摩訶娜耶　波唎婆嚩莎訶
若有自書寫教人書寫是无量壽宗要经受持讀誦如同書寫八万四千一切经典陁羅尼日

BD00169　無量壽宗要經（甲本）

薩婆娑毗輸底　摩訶娜耶　波唎婆𠻗𠯈莎訶
若有自書寫教人書寫無量壽宗要經受持讀誦如同書寫八万四千一切經典陁羅尼曰
南无薄伽勃底　阿波唎蜜多　阿喻紇硯娜　須毗你悉指陁　囉佐耶　怛他羯他耶　怛
姪他唵　薩婆桑悉迦囉　波唎輸底　達磨底　伽迦娜　莎訶某持迦底　薩婆
婆毗輸底　摩訶娜耶　波唎婆𠻗𠯈莎訶
若有自書寫教人書寫是无量壽宗要經即是書寫八万四千部經建立塔廟陁羅尼曰
南无薄伽勃底　阿波唎蜜多　阿喻紇硯娜　須毗你悉指陁　囉佐耶　怛他羯他耶　怛
姪他唵　薩婆桑悉迦囉　波唎輸底　達磨底　伽迦娜　莎訶某持迦底　薩婆
婆毗輸底　摩訶娜耶　波唎婆𠻗𠯈莎訶
若有自書寫教人書寫是无量壽宗要經能消五无間等一切重罪陁羅尼曰
南无薄伽勃底　阿波唎蜜多　阿喻紇硯娜　須毗你悉指陁　囉佐耶　怛他羯他耶
怛姪他唵　薩婆桑悉迦囉　波唎輸底　達磨底　伽迦娜　莎訶某持迦底　士
薩婆婆毗輸底　摩訶娜耶　波唎婆𠻗𠯈莎訶
若有自書寫教人書寫是无量壽宗要經受持讀誦設有重罪猶如須弥盡能除滅
陁羅尼曰
南无薄伽勃底　阿波唎蜜多　阿喻紇硯娜　須毗你悉指陁　囉佐耶　怛他羯他耶

若有自書寫教人書寫是无量壽宗要経受持讀誦若魔子之眷屬夜叉
羅刹不得其便終无枉死陁羅尼曰
南无薄伽勃底　阿波唎蜜哆　阿喻紇硯娜　須毗你恙指陁　囉佐耶　怛他羯他耶
怛姪他唵　薩婆桒恙迦囉　波唎輸底　達磨底　伽迦娜　莎訶其特迦底　薩
婆婆毗輸底　摩訶娜耶　波唎婆嚫莎訶
若有自書寫教人書寫是无量壽宗要経受持讀誦當命終時有九十九姟佛現
其人前蒙千佛授手能遊一切佛刹莫於此経生於疑惑陁羅尼曰
南无薄伽勃底　阿波唎蜜哆　阿喻紇硯娜　須毗你恙指陁　囉佐耶　怛他羯他耶　六
怛姪他唵　薩婆桒恙迦囉　波唎輸底　達磨底　伽迦娜　莎訶其特迦底　薩婆
婆毗輸底　摩訶娜耶　波唎婆嚫莎訶
若有自書寫教人書寫是无量壽宗要経受持讀誦常得四天王隨其衛護陁羅尼曰
南无薄伽勃底　阿波唎蜜哆　阿喻紇硯娜　須毗你恙指陁　囉佐耶　怛他羯他耶
怛姪他唵　薩婆桒恙迦囉　波唎輸底　達磨底　伽迦娜　莎訶其特迦底　薩
婆婆毗輸底　摩訶娜耶　波唎婆嚫莎訶
若有自書寫教人書寫是无量壽宗要経受持讀誦當得往生西方極樂世界
阿弥陁淨土陁羅尼曰

若有自書寫教人書寫是无量壽宗要經受持讀誦當生西方極樂世界

阿弥陀淨土陀羅尼曰

南无薄伽勃底 阿波唎蜜多 阿喻紇硯娜 須毗你恙指陀 囉佐耶 怛他羯他耶

怛姪他唵 薩婆桒恙迦羅 波唎輸底 達磨底 伽迦娜 莎訶其特迦底

薩婆婆毗輸底 摩訶娜耶 波唎婆嚦莎訶

若有方所自書寫使人書寫是无量壽經典之處則為是塔皆應恭敬作礼若

是畜生或為鳥獸得聞是經如是等類皆當不久得成一切種智陀羅尼曰

南无薄伽勃底 阿波唎蜜多 阿喻紇硯娜 須毗你恙指陀 囉佐耶 怛他羯他耶

怛姪他唵 薩婆桒恙迦羅 波唎輸底 達磨底 伽迦娜 莎訶其特迦底 薩

婆婆毗輸底 摩訶娜耶 波唎婆嚦莎訶

若有於是无量壽經自書寫若使人書畢竟不受女人之身陀羅尼曰

南无薄伽勃底 阿波唎蜜多 阿喻紇硯娜 須毗你恙指陀 囉佐耶 怛他羯他耶

怛姪他唵 薩婆桒恙迦羅 波唎輸底 達磨底 伽迦娜 莎訶其特迦底

薩婆婆毗輸底 摩訶娜耶 波唎婆嚦莎訶

若有能於是經少分能惠施者等於三千大千世界滿中七寶布施陀羅尼曰

南无薄伽勃底 阿波唎蜜多 阿喻紇硯娜 須毗你恙指陀 囉佐耶 怛他羯他耶

若有能供養是經者則是供養一切諸經等无有異陁羅尼曰
南无薄伽勅底　阿波唎蜜哆　阿喻紇硯娜　須毗你悉指陁　囉佐耶　怛他羯他
耶　怛姪他唵　薩婆桒悉迦囉　波唎輸底　達磨底　伽迦娜　莎訶某特迦底
薩婆婆毗輸底　摩訶娜耶　波唎婆嚦莎訶
如是毗婆尸佛　尸弃佛　毗舍浮佛　俱留孫佛　俱那含牟尼佛　迦葉佛　釋迦牟尼佛　若有
人以七寶供養如是七佛其福有限書寫受持是无量壽經典所生功德不可限量陁羅尼曰
南无薄伽勅底　阿波唎蜜哆　阿喻紇硯娜　須毗你悉指陁　囉佐耶　怛他羯他耶
怛姪他唵　薩婆桒悉迦囉　波唎輸底　達磨底　伽迦娜　莎訶某特迦底十二
薩婆婆毗輸底　摩訶娜耶　波唎婆嚦莎訶
若有七寶等於須弥以用布施其福上能知其限量是无量壽經典其福不可知數陁羅尼曰
南无薄伽勅底　阿波唎蜜哆　阿喻紇硯娜　須毗你悉指陁　囉佐耶　怛他羯他耶
怛姪他唵　薩婆桒悉迦囉　波唎輸底　達磨底　伽迦娜　莎訶某特迦底
薩婆婆毗輸底　摩訶娜耶　波唎婆嚦莎訶
如是四大海水可知滴數是无量壽經典所生果報不可數量陁羅尼曰
南无薄伽勅底　阿波唎蜜哆　阿喻紇硯娜　須毗你悉指陁　囉佐耶　怛他羯他
耶　怛姪他唵　薩婆桒悉迦　波唎輸底　達磨底　加迦娜　莎訶某持迦底十三

耶 怛姪他唵 薩婆桒悉迦 波唎輸底 達磨底 伽迦娜 莎訶其特迦底十二
薩婆婆毗輸底 摩訶娜耶 波唎婆曬莎訶
若有自書寫使人書寫是无量壽經典又能護持供養即如恭敬供養一切十
方佛土如來无有別異陁羅尼曰
南无薄伽勅底 阿波唎蜜哆 阿喻紇硯娜 須毗你悉指陁囉佐耶 怛他羯他耶
怛姪他唵 薩婆桒悉迦羅 波唎輸底 達磨底 伽迦娜 莎訶其特迦底 薩婆
婆毗輸底 摩訶娜耶 波唎婆曬莎訶
布施力能成正覺 悟布施力人師子 布施力能聲普聞 慈悲階漸最能入
持戒力能成正覺 悟持戒力人師子 持戒力能聲普聞 慈悲階漸最能入
忍辱力能成正覺 悟忍辱力人師子 忍辱力能聲普聞 慈悲階漸最能入
精進力能成正覺 悟精進力人師子 精進力能聲普聞 慈悲階漸最能入
禪定力能成正覺 悟禪定力人師子 禪定力能聲普聞 慈悲階漸最能入
智慧力能成正覺 悟智慧力人師子 智慧力能聲普聞 慈悲階漸最能入
尒時如來說是經已一切世間天人阿脩羅揵闥婆等聞佛所說皆大
歡喜信受奉行

BD00170 金剛般若波羅蜜經

（後秦）鳩摩羅什 譯

113.4cm × 26.3cm

須菩提若三千大千世界中所有諸須弥山
王如是等七寶聚有人持用布施若人以此
般若波羅蜜經乃至四句偈等受持讀誦
為他人説於前福德百分不及一百千萬億分
乃至筭數譬喻所不能及
須菩提於意云何汝等勿謂如来作是念我
當度衆生須菩提莫作是念何以故實无有
衆生如来度者若有衆生如来度者如来則
有我人衆生壽者須菩提如来説有我者則
非有我而凡夫之人以為有我須菩提凡夫者
如来説則非凡夫須菩提於意云何可以三
十二相觀如来不須菩提言如是如是以三

觀如來者轉輪聖王則是如來須菩提白

佛言世尊如我解佛所說義不應以三十二

相觀如來尒時世尊而說偈言

若以色見我　以音聲求我　是人行邪道　不能見如來

須菩提汝若作是念如來不以具足相故得

阿耨多羅三藐三菩提須菩提莫作是念如

來不以具足相故得阿耨多羅三藐三菩提

須菩提汝若作是念發阿耨多羅三藐三菩

提者說諸法斷滅相莫作是念何以故發向

耨多羅三藐三菩提者於法不說斷滅相須

菩提若菩薩以滿恒河沙等世界七寶布施

若復有人知一切法无我得成於忍此菩薩

勝前菩薩所得功德須菩提以諸菩薩不受

福德故須菩提白佛言世尊云何菩薩不受

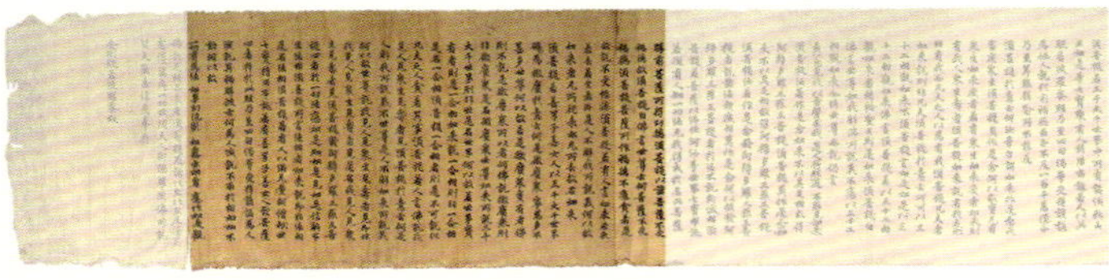

勝前菩薩所得功德須菩提以諸菩薩不受
福德故須菩提白佛言世尊云何菩薩不受
福德須菩提菩薩所作福德不應貪著是
故說不受福德須菩提若有人言如來若來
若去若坐若卧是人不解我所說義何以故
如來者无所從來亦无所去故名如來
須菩提若善男子善女人以三千大千世界
碎為微塵於意云何是微塵衆寧為多不
甚多世尊何以故若是微塵衆實有者佛
則不說是微塵衆所以者何佛說微塵衆則
非微塵衆是名微塵衆世尊如來所說三千
大千世界則非世界是名世界何以故若世界實
有者則是一合相如來說一合相則非一合相
是[illegible]一合相須菩提一合相[illegible]

見人見衆生見壽者見須菩提於意云何是
人解我所說義不世尊是人不解如來所說義
何以故世尊說我見人見衆生見壽者見即非
我見人見衆生見壽者見是名我見人見衆
生見壽者見須菩提發阿耨多羅三藐三菩
提心者於一切法應如是知如是見如是信解不
生法相須菩提所言法相者如來說即非法相
是名法相須菩提若有人以滿无量阿僧祇世
七寶持用布施若有善男子善女人發菩薩
心者持於此經乃至四句偈等受持讀誦為人
演說其福勝彼云何為人演說不取於相如如不
動何以故
一切有為法　如夢幻泡影　如露亦如電　應作如是觀

一切有爲法　如夢幻泡影　如露亦如電　應作如是觀
佛說是經已長老須菩提及諸比丘比丘尼優婆
塞優婆夷一切世間天人阿脩羅聞佛所說
皆大歡喜信受奉行

金剛般若波羅蜜經

BD00171 妙法蓮華經卷四

（後秦）鳩摩羅什 譯

171.1cm × 25.8cm

般涅槃後
七寶塔高六十由旬縱廣
悉以雜華末香燒香塗香衣服瓔珞幢幡
寶蓋伎樂歌頌礼拜供養七寶妙塔无量
眾生得阿羅漢果无量眾生悟辟支佛不可
思議眾生發菩提心至不退轉佛告諸比丘
未來世中若有善男子善女人聞妙法華經提
婆達多品淨心信敬不生疑惑者不墮地獄
餓鬼畜生生十方佛前所生之處常聞此經
若生人天中受勝妙樂若在佛前蓮華化生
於時下方多寶世尊所從菩薩名曰智積白
多寶佛當還本土釋迦牟尼佛告智積曰善
男子且待須臾此有菩薩名文殊師利可與
相見論說妙法可還本土爾時文殊師利

千葉華大如車輪俱來菩薩亦坐寶蓮華
從於大海娑竭羅龍宮自然踊出住虛空中
詣靈鷲山從蓮華下至於佛所頭面敬禮二
世尊足修敬已畢往智積所共相慰問却坐
一面智積菩薩問文殊師利仁往龍宮所化
衆生其數幾何文殊師利言其數无量不可
稱計非口所宣非心所測且待須臾自當有證
所言未竟无數菩薩坐寶蓮華從海踊出
詣靈鷲山住在虛空此諸菩薩皆是文殊師
利之所化度具菩薩行皆共論說六波羅蜜
本聲聞人在虛空中說聲聞行今皆脩行大
乘空義文殊師利謂智積曰於海教化其
事如是尒時智積菩薩以偈讚曰
大智德勇健　化度无量衆　今此諸大會　及我皆已見

大智德勇健　化度无量眾　今此諸大會　及我皆已見
演暢實相義　開闡一乘法　廣度諸眾生　令速成菩提
文殊師利言我於海中唯常宣說妙法華經
智積問文殊師利言此經甚深微妙諸經中
寶世所希有頗有眾生勤加精進脩行此經
速得佛不文殊師利言有娑竭羅龍王女年
始八歲智慧利根善知眾生諸根行業得陁
羅尼諸佛所說甚深秘藏悉能受持深入禪
定了達諸法於剎那頃發菩提心得不退轉
辯才无㝵慈念眾生猶如赤子功德具足心
念口演微妙廣大慈悲仁讓志意和雅能至
菩提智積菩薩言我見釋迦如來於无量劫
難行苦行積功累德求菩提道未曾止息觀

不信此女於須臾頃便成正覺言論未訖時龍
王女忽現於前頭面礼敬却住一面以偈讚曰
深達罪福相　遍照於十方　微妙淨法身　具三十二相
以八十種好　用莊嚴法身　天人所戴仰　龍神咸恭敬
一切衆生類　无不宗奉者　又聞成菩提　唯佛當證知
我闡大乘教　度脫苦衆生
時舍利弗語龍女言汝謂不久得无上道是事難
信所以者何女身垢穢非是法器云何能得
无上菩提佛道懸曠經无量劫勤苦積行
具修諸度然後乃成又女人身猶有五障一
者不得作梵天王二者帝釋三者魔王四者
轉輪聖王五者佛身云何女身速得成佛尒
時龍女有一寶珠價直三千大千世界持以

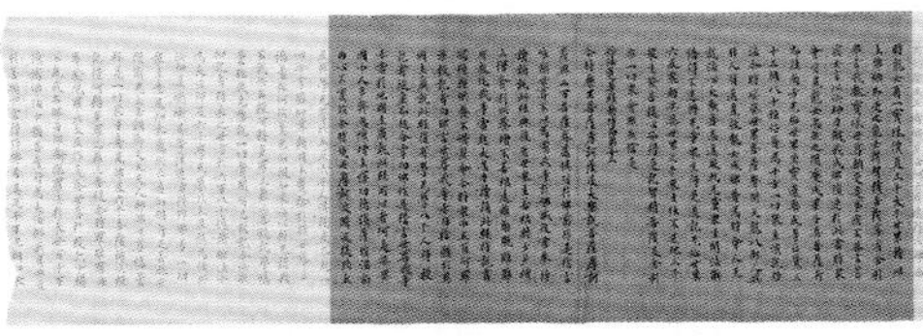

時龍女有一寶珠價直三千大千世界持以
上佛佛即受之龍女謂智積菩薩尊者舍利
弗言我獻寶珠世尊納受是事疾不答言甚
疾女言以汝神力觀我成佛復速於此當時衆
會皆見龍女忽然之間變成男子具菩薩行
即往南方无垢世界坐寶蓮華成等正覺三
十二相八十種好普為十方一切衆生演說妙
法尒時娑婆世界菩薩聲聞天龍八部人與
非人皆遥見彼龍女成佛普為時會人天
說法心大歡喜悉遥敬礼无量衆生聞法解
悟得不退轉无量衆生得受道記无垢世界
六反震動娑婆世界三千衆生住不退地三千
衆生發菩提心而得受記智積菩薩及舍利

尒時藥王菩薩摩訶薩及大樂說菩薩摩訶
薩與二万菩薩眷屬俱皆於佛前作是誓言
唯願世尊不以為慮我等於佛滅後當奉持
讀誦說此經典後惡世衆生善根轉少多增
上慢貪利供養增不善根遠離解脫雖難
可教化我等當起大忍力讀誦此經持說書
寫種種供養不惜身命尒時衆中五百阿羅
漢授記者白佛言世尊我等亦自誓願於異
國土廣說此經復有學无學八千人得授
記者從座而起合掌向佛作是誓言世尊我等
亦當於他國土廣說此經所以者何是娑婆
國中人多弊惡懷增上慢功德淺薄瞋濁諂
曲心不實故尒時姨母摩訶波闍波提比丘

曲心不實故尒時姨母摩訶波闍波提比丘
尼與學无學比丘尼六千人俱從座而起一
心合掌瞻仰尊顏目不蹔捨於時世尊告
憍曇弥何故憂色而視如来汝心將无謂我
不說汝名授阿耨多羅三藐三菩提記耶憍
曇弥我先惣說一切聲聞皆已授記今汝欲
知記者將来之世當於六万八千億諸佛法中
為大法師及六千學无學比丘尼俱為法師
汝如是漸漸具菩薩道當得作佛号一切
衆生憙見如来應供正遍知明行足善逝世
間解无上士調御丈夫天人師佛世尊憍曇
弥是一切衆生憙見佛及六千菩薩轉次授
記得阿耨多羅三藐三菩提尒時羅睺羅母

不說我名佛告耶輸陀羅汝於來世百千万

億諸佛法中脩菩薩行爲大法師漸具佛道

於善國中當得作佛号具足千万光相如來

BD00172 佛名經（二十卷本）卷三

884.5cm × 28cm

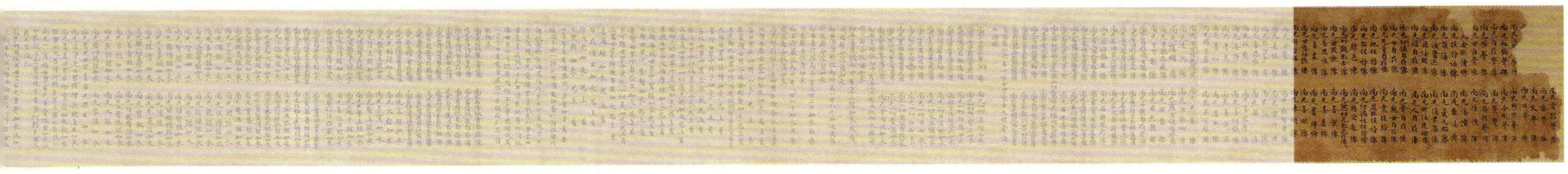

南□
南无波頭摩聲佛
南无福德聲佛
南无自在聲佛
南无妙聲佛
南无甘露聲佛
□无金剛幢佛
南无住持法佛
南无讃法佛
南无法奮□佛

南无雲勝聲佛
南无樂聲佛
南无天聲佛
南无日聲佛
南无師子聲佛
南无金剛聲佛
南无慧聲佛
南无選擇聲佛
南无淨幢佛
南无法幢佛
南无樂法佛
南无曇无竭佛
南无法界華佛

南无言説自佛　南无妙法處火佛
南无法自在佛　南无人自在佛
南无功德自在佛　南无聲自在佛
南无世自在佛　南无觀世自在佛
南无无量自在佛　南无意任持佛
南无地任持佛　南无尼弥任持佛
南无器任持佛　南无功德性任持佛
南无勝色佛　南无轉發起佛
南无一切觀形示佛　南无發一切无猒足行佛
南无發成就佛　南无善謙佛
南无善思惟佛　南无善喜佛
南无善愛佛　南无普禪佛
南无甘露功德佛　南无善眼佛
南无師子山佛　南无佛眼佛

南无師子仙佛　南无佛眼佛
南无合聚佛　南无疾智勇佛
南无善任佛　南无寶行佛
南无師子手佛　南无海佛
南无善思惟佛　南无稱佛
南无任慈佛　南无善衣摩佛
南无善行佛　南无善功德佛
南无善色佛　南无善識佛
南无善心佛　南无善光佛
南无師子月佛　南无不可勝佛
南无不可勝无畏佛　南无无量佛
南无速與佛　南无不動心佛
南无集稱佛　南无集[illegible]

[illegible]无[illegible]佛　南无不[illegible]
南无不可動佛　南无名无畏佛
南无名自在護世間佛　南无名龍自在聲佛
南无名法行廣慧佛　南无名妙勝自在相通稱佛
南无名妙勝自在勝佛　南无名樂法奮迅佛
南无名法界莊嚴佛　南无名大乘莊嚴佛
南无名寂靜王佛　南无名解脫行佛
南无名大海弥留超王佛　南无名合聚那羅延王佛
南无名散壞堅魔輪佛　南无名精進根寶王佛
南无名佛法波頭摩佛　南无名得佛眼分陁利佛
南无名隨前覺覺佛　南无名平等作佛
南无名初發心念遠離一切驚怖无煩惱起功德佛
南无名金剛奮迅佛　南无名寶像光明奮迅佛
南无名破壞魔輪佛　南无名初發心成就不退轉輪佛

南无名破壞魔輪佛　南无名初發心成就不退轉輪佛
南无名寶蓋起无畏光明佛　南无名教化菩薩佛
南无名初發心念斷疑斷煩惱佛　南无名光明破闇起三昧王佛
是諸佛如来名十方世界衆生无眼者誦
必得眼
南无十千同名星宿佛　南无一切星宿如来
南无二十千同名釋迦牟尼佛　南无一切釋迦牟尼如来
南无二億同名拘隣佛　南无一切拘隣如来
南无三億同名寶法勝決定佛　南无一切寶法勝決定如来
南无六億同名日月燈佛　南无一切日月燈如来
南无千五百同名大威德佛　南无一切大威德如来
南无千五百同名日佛　南无一切日如来
南无[illegible]佛　南无一切[illegible]如来

南无万千同名日圓自在佛　南无一十日圓自在如来
南无万八千同名普讓佛　南无一切普讓如来
南无八百同名舍摩他佛　南无舍摩他如来
劫名善眼彼劫中有七十二那由他如来成佛
我悉歸命彼諸如来
劫名善見彼劫中有七十二億如来成佛
我悉歸命彼諸如来
劫名淨讚歎彼劫中有一万八千如来成佛
我悉歸命彼諸如来
劫名善行彼劫中有三万二千如来成佛
我悉歸命彼諸如来
劫名莊嚴彼劫中有八万四千如来成佛
我悉歸命彼諸如来
南无現在住十方世界不舍命說法諸佛

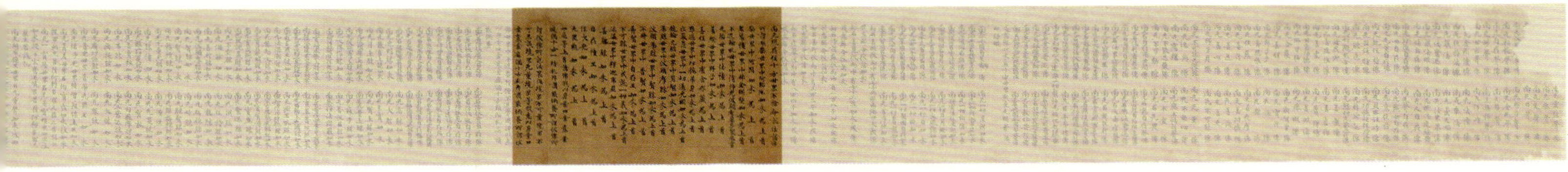

南无現在住十方世界不捨命說法諸佛
所謂安樂世界中阿弥陁如來為上首
樂世界中阿閦如來為上首
袈裟幢世界中碎金剛堅如來為上首
不退輪吼世界中清淨光波頭摩華身如來為上首
无垢世界中法幢如來為上首
善燈世界中師子如來為上首
善住世界中盧舍那藏為上首
難過世界中功德華身如來為上首
莊嚴慧世界中一切通光明如來為上首
鏡輪光明世界中月智如來為上首
華勝世界中波頭摩勝如來為上首

善賢世界中自在王如来為上首
不可勝世界中成就一切義如来為上首
娑婆世界中釋迦牟尼如来為上首
善勝勝如来為上首
自在憧王如来為上首
作火光如来為上首
无畏觀如来為上首
如是等上首諸佛我以身業口業意業
遍滿十方一時礼拜讃歎供養所謂彼佛所
謂彼佛所說法甚深境界不可量境界不
可思議境界无量境界等我悉以身業口
業意業遍滿十方礼拜讃歎供養所謂彼

可思議境界無量境界等我悉以身業口
業意業遍滿十方礼拜讃歎供養所謂彼
佛世界中不退菩薩僧不退聲聞僧我悉
以身業口業意業遍滿十方頭面礼足讃
歎供養

南无名降伏魔人自在佛
南无名降伏貪自在佛
南无名降伏瞋自在佛
南无名降伏癡自在佛
南无名降伏怒自在佛
南无名降伏見自在佛
南无名降伏諸戲自在佛
南无名了達法自在佛
南无名得神通自在稱佛
南无名得勝業自在稱佛
南无名趣施自在稱佛
南无名趣清淨蓋自在稱佛
南无名趣忍辱自在稱佛
南无名趣精進自在稱佛
南无名趣禪定自在稱佛
南无名福德清淨光明自在佛
南无名趣[illegible]稱佛
南无名[illegible]

南无散香上勝如来　南无多寶如来

南无月上勝如来　南无賢上勝如来

南无波頭摩上勝如来　南无无量上勝如来

南无波頭摩上勝如来　南无三昧手勝如来

南无大海深勝如来　南无善説名勝如来

南无阿僧祇精進住勝如来　南无樂一切法莊嚴如来

南无寶輪威德上勝如来　南无无量慚愧金色上勝如来

南无功德海瑠璃金山金色光明如来　南无寶華普照勝如来

南无起邊功德无垢勝如来　南无日輪上光明勝如来

南无起多羅王勝如来　南无樹王乳勝如来

南无法海潮勝如来　南无智清淨功德勝如来

南无樂劫大勝如来　南无不可思議光明勝如来

南无法海潮勝如来　南无清淨功德勝如来
南无樂劫大勝如来　南无不可思議光明勝如来
南无寶月光明勝如来　南无寶賢幢勝如来
南无寶成就勝如来　南无寶集勝如来
南无成就義勝如来　南无奮迅勝如来
南无不空勝如来　南无聞勝如来
南无海勝如来　南无任持勝如来
南无善行勝如来　南无龍勝如来
南无波頭摩勝如来　南无福德勝如来
南无智勝如来　南无妙勝如来
南无賢勝如来　南无勝賢勝如来
南无旃檀勝如来　南无勝旃檀勝如来
南无无量光明如来　南无幢勝如来
南无勝幢如来　南无无邊勝如来

南无離一切憂勝如来　南无寶杖如来
南无善寶杖如来　南无句蘇摩勝如来
南无華勝如来　南无三奮迅勝如来
南无樹提勝如来　南无大勝如来
南无廣功德勝如来　南无衆勝如来
南无普光世界普華无畏王如来
南无清淨光世界積增長勝上王如来
南无普蓋世界名均寶嚴莊如来彼如来
授羅網光菩薩阿耨多羅三藐三菩提記
南无一寶蓋世界名无量寶境界如来彼
如来授不空奮迅境界菩薩阿耨多羅三
藐三菩提記
南无相威德王世界名无量聲如来彼如

藐三菩提記
南无相威德王世界名无量聲如來彼如
來授名即發心轉法輪菩薩阿耨多羅三
藐三菩提記
南无名稱世界名須弥留聚集如來彼如
來授名光明輪勝威德菩薩阿耨多羅三
藐三菩提記　四百
南无善住世界名虛空寂如來彼如來授
名月菩薩阿耨多羅三藐三菩提記
南无地輪世界名稱力王如來彼如來授名
智稱菩薩阿耨多羅三藐三菩提記
南无月起光世界名放光明如來彼如來授
名光輪菩薩阿耨多羅三藐三菩提記
南无寶莊幢世界名雜寶莊如來彼如來

授名[illegible]寶[illegible][illegible]菩薩阿耨多羅三藐三
菩提記
南无波頭摩華世界名種種華勝成就如来
彼如来授名无量精進菩薩阿耨多羅三藐
三菩提記
南无一蓋世界名遠離諸怖毛竪如来彼
如来授名羅網光明菩薩阿耨多羅三藐
三菩提記
南无種種幢世界名須弥留聚如来彼如来
授名勝菩薩阿耨多羅三藐三菩提記
南无普光世界名无鄣㝵眼如来彼如来
授名智勝菩薩阿耨多羅三藐三菩提記
南无賢世界名旃檀屋如来彼如来授名

南无賢世界名旃檀屋如來彼如來授名
智功德幢菩薩阿耨多羅三藐三菩提記
南无賢慧世界名合聚如來彼如來授名妙
智菩薩阿耨多羅三藐三菩提記
南无寶首世界名羅網光明如來彼如來授
名智功德菩薩阿耨多羅三藐三菩提記
南无安樂首世界名寶蓮華勝如來彼如
來授名波頭摩勝功德菩薩阿耨多羅三
藐三菩提記
南无稱世界名智華寶光明如來彼如來授
名第一莊嚴菩薩阿耨多羅三藐三菩提記
南无賢辟世界名起賢光明如來彼如來授
名寶光明莊嚴菩薩阿耨多羅三藐三菩提記

南无[illegible]
授名无畏菩薩阿耨多羅三藐三菩提記
南无弥留幢世界名弥留序如来彼如来授
名合聚菩薩阿耨多羅三藐三菩提記
南无遠離一切憂惱鄣㝵世界名无畏王如
来彼如来授名多聲菩薩阿耨多羅三藐
三菩提記
南无法世界名作法如来彼如来授名智作
菩薩阿耨多羅三藐三菩提記
南无善住世界名百一十光明如来彼如来
授名勝光明菩薩阿耨多羅三藐三菩提記
南无共光明世界名千上光明如来彼如来授
名普光明菩薩阿耨多羅三藐三菩提記
南无多伽羅世界名智光明如来彼如来授名

南无多伽羅世界名智光明如來彼如來授名
善眼菩薩阿耨多羅三藐三菩提記
南无香世界名寶勝光明如來彼如來授名
无量光明菩薩阿耨多羅三藐三菩提記
南无光明首世界名无量光明如來彼如來
授名藥王菩薩阿耨多羅三藐三菩提記
南无上首賢世界名无鄣㝵聲如來彼如來
授名淨聲菩薩阿耨多羅三藐三菩提記
南无法世界名羅網光如來彼如來授名勝
菩薩阿耨多羅三藐三菩提記
南无賢入世界名寶智慧如來彼如來授名
智香菩薩阿耨多羅三藐三菩提記

名雲无盡菩薩阿耨多羅三藐三菩提記
南无清淨世界名无量莊嚴如來彼如來授名
寶莊嚴菩薩阿耨多羅三藐三菩提記
南无覺住世界名憂鉢羅勝如來彼如來授
名波頭摩勝菩薩阿耨多羅三藐三菩提記
南无波頭摩住世界名智住如來彼如來授
名寶滿足菩薩阿耨多羅三藐三菩提記
南无智力世界名釋迦牟尼如來彼如來授
名寶牟尼菩薩阿耨多羅三藐三菩提記
南无十方稱世界名智稱如來彼如來授名
无邊精進菩薩阿耨多羅三藐三菩提記
南无喜世界名堅自在如來彼如來授名寶
堅菩薩阿耨多羅三藐三菩提記
南无月世界名寶沙羅如來彼如來授名善

南无月世界名寶莎羅如來彼如來授名善
香菩薩阿耨多羅三藐三菩提記
南无娑婆世界名大勝如來彼如來授名大
勝天王菩薩阿耨多羅三藐三菩提記
南无一蓋世界名寶輪如來彼如來授名星
宿鷄菩薩阿耨多羅三藐三菩提記
南无過一切憂鄣㝵世界名不空說如來彼
如來授名不空說菩薩阿耨多羅三藐三菩
提記
南无遠離憂惱世界名功德成就如來彼如
來授名无邊勝威德菩薩阿耨多羅三藐
三菩提記

餝菩薩阿耨多羅三藐三菩提記
南无不空見世界名不空奮迅如來彼如來
授名不空發行菩薩阿耨多羅三藐三菩提記
南无香世界名香光明如來彼如來授名寶
藏菩薩阿耨多羅三藐三菩提記
南无无量吼聲世界名无郭号聲如來彼
如來授名无分別發行菩薩阿耨多羅三藐
三菩提記
南无月輪光明世界名稱力王如來彼如來
授名智稱菩薩阿耨多羅三藐三菩提記
南无寶輪世界名寶上勝如來彼如來授
名大道師菩薩阿耨多羅三藐三菩提記
南无寶輪世界名善眼如來彼如來授名樂

南无寶輪世界名善眼如来彼如来授名樂
行菩薩阿耨多羅三藐三菩提記
南无法世界名波頭摩勝如来彼如来授名
大法菩薩阿耨多羅三藐三菩提記
南无名須弥頂上王如来彼如来授名智力
菩薩阿耨多羅三藐三菩提記
南无名波頭摩勝如来彼如来授名勝德菩
薩阿耨多羅三藐三菩提記
南无陁羅尼輪世界名香光明如来彼如来
授名陁羅尼自在王菩薩阿耨多羅三藐
三菩提記
南无金光明世界名十方稱發如来彼如来
授名智稱發行菩薩阿耨多羅三藐三菩提

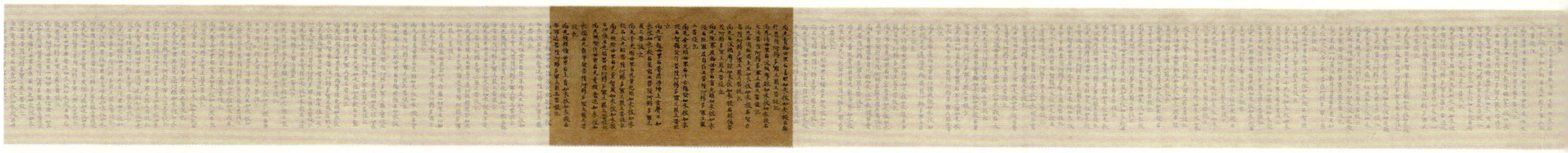

南无智起世界名普清淨增上雲聲王如
来彼如来授名星宿王菩薩阿耨多羅三
藐三菩提記
南无常光明世界名无量光明如来彼如来
授名大光明菩薩阿耨多羅三藐三菩提記
南无燃燈世界名无量智成如来彼如来授
名功德王光明菩薩阿耨多羅三藐三菩提記
南无燃燈作世界名无量種奮迅如来彼如
来授名无鄣导發菩薩阿耨多羅三藐三菩
提記
南无種種幢世界名上首如来彼如来授名
那羅延菩薩阿耨多羅三藐三菩提記

那羅延菩薩阿耨多羅三藐三菩提記
南无十方稱世界名佛華成就勝如來彼
如來授名无畏奮迅菩薩阿耨多羅三藐
三菩提記
南无金剛住世界名佛華增上王如來彼如
來授名寶火菩薩阿耨多羅三藐三菩提記
南无旃檀窟世界寶形如來彼如來授名觀
世音菩薩阿耨多羅三藐三菩提記
南无藥王世界名不空如來彼如來授名不空
發行菩薩阿耨多羅三藐三菩提記
南无藥王勝上世界名无邊功德精進發如來
彼如來授名不受式攝受菩薩阿耨多羅
三藐三菩提記
南无普莊嚴世界發心生莊嚴[illegible]

來彼如來授名[illegible]菩薩阿耨多羅三
藐三菩提記
南无普蓋世界名蓋躬如來彼如來授名寶
行菩薩阿耨多羅三藐三菩提記
南无華上光明世界名日輪威德王如來彼
如來授名善住菩薩阿耨多羅三藐三菩提記
南无善莊嚴世界名衆生光明如來彼如來
授名寶面菩薩阿耨多羅三藐三菩提記
南无賢世界名无畏如來彼如來授名不驚
怖菩薩阿耨多羅三藐三菩提記
南无波頭摩世界名波頭摩勝光明如來彼
如來授名智象菩薩阿耨多羅三藐三菩提記
南无憂鉢羅世界名智憂鉢勝如來彼如來

如来授名无邊菩薩阿耨多羅三藐三菩提記
南无憂鉢羅世界名智憂鉢勝如来彼如来
授名无境界行菩薩阿耨多羅三藐三菩提記
南无寶上世界名寶作如来彼如来授名法作
菩薩阿耨多羅三藐三菩提記
南无月世界名无量顛如来彼如来授名散
華菩薩阿耨多羅三藐三菩提記
南无善住世界名寶聚如来彼如来授名藥
王菩薩阿耨多羅三藐三菩提記
南无香光明世界名莎羅自在王如来彼如
来授名勝惠菩薩阿耨多羅三藐三菩提記
南无華首世界名寶光明如来彼如来授名
日德菩薩阿耨多羅三藐三菩提記
南无善山世界名寶山如来彼如来授名大

南无憂蓋入世界名上首如来彼如来授名
上莊嚴菩薩阿耨多羅三藐三菩提記
南无无憂世界名發无邊功德如来彼如来
授名不發觀菩薩阿耨多羅三藐三菩提記
南无一切功德住世界名善上首如来彼如来
授名普至菩薩阿耨多羅三藐三菩提記
南无寶光明世界名須弥光明如来彼如来
授名善住菩薩阿耨多羅三藐三菩提記
南无一切功德住世界名无量境界如来彼如
来授名藥王菩薩阿耨多羅三藐三菩提記
南无莊嚴菩提世界名高妙去如来彼如来
授名思益勝慧菩薩阿耨多羅三藐三菩提記

授名思益勝慧菩薩阿耨多羅三藐三菩提記
南无无垢世界名寶華成就功德如來彼如來
授名得勝慧菩薩阿耨多羅三藐三菩提記
南无雲世界名奮迅如來彼如來授名自在
觀菩薩阿耨多羅三藐三菩提記
南无華網寶世界名一切發衆生信發心如來
彼如來授名勝慧菩薩阿耨多羅三藐三菩提記
南无星宿行世界名樂星宿起如來彼如來
授名憂菩薩阿耨多羅三藐三菩提記
南无寶華世界名勝衆如來彼如來授名妙
勝菩薩阿耨多羅三藐三菩提記
南无无量至世界名无量華如來彼如來授
名香鳥菩薩阿耨多羅三藐三菩提記

南无善世界名寶勝如来彼如来授名遠

離諸有菩薩阿耨多羅三藐三菩提記

南无種種幢世界名月勝功德如来彼如来

授名斷一切諸難菩薩阿耨多羅三藐三菩

提記

南无可樂世界名即發心轉法輪如来彼如来

授名不退轉輪菩薩阿耨多羅三藐三菩提記

南无无畏世界名十方稱名如来彼如来授名

智稱菩薩阿耨多羅三藐三菩提記

南无自在世界名伽陵伽如来　南无安樂世界日輪燈明如来

南无无畏世界寶勝如来　南无民歡世界智趣如来

南无純樂世界功德王如来　南无蓋行華世界无鄣导如来

南无金剛輪世界无畏如来　南无趣世界智積如来

南无善清淨世界无觀想發行如来　南无住日明世界光明輪威德王[illegible]如来

南无善清淨世界无癡相發行如來　南无普明世界光明輪威德王勝如來
南无高幢世界因慧如來 一千六百
南无德世界那羅延如來
南无无垢世界无垢幢如來　南无遠離一切憂惱世界安隱如來
南无賢世界遠離諸煩惱如來　南无一切安樂世界清淨慧如來
南无无量功德具足世界善思惟發如來
南无平等平等世界降伏諸怨如來
南无无畏世界憂波羅勝如來
南无十二部經般若海藏
南无密迹金剛力士經　南无菩薩處胎經
南无大悲經　南无深密解脫經
南无大集賢護菩薩經　南无大方等陀羅尼經
南无海龍王經　南无央掘摩羅經
南无无所有菩薩經　南无[illegible]

南无觀察諸法経　南无[illegible]経
南无菩薩本行経　南无稱揚諸佛功德経
南无菩薩藏経　南无力莊嚴三昧経
南无須真天子経　南无首楞嚴三昧経
南无般舟三昧経　南无等目菩薩所問三昧経
南无諸大菩薩摩訶薩衆
南无文殊師利菩薩　南无觀世音菩薩
南无大勢至菩薩　南无普賢菩薩
南无龍勝菩薩　南无勝成就菩薩
南无勝藏菩薩　南无波頭摩勝菩薩
南无成就有菩薩　南无地持菩薩
南无寶掌菩薩　南无寶印手菩薩
南无師子意菩薩　南无師子奮迅吼聲菩薩
南无虛空藏菩薩　南无發心即轉法輪菩薩

南无虛空藏菩薩　南无發心即轉法輪菩薩
南无一切聲差別樂說菩薩　南无山樂說菩薩
南无大海意菩薩　南无龍德菩薩
南无聲聞緣覺一切辟支佛
南无毗耶離辟支佛　南无俱薩羅辟支佛
南无婆藪陁羅辟支佛　南无无毒淨心辟支佛
南无寶无垢辟支佛　南无聲聞緣覺一切賢聖
南无過現未來三世諸佛歸命懺悔
弟子等今者即我身心寂靜无諂无鄣正
是生善滅惡之時復應各起四種觀行以
爲滅罪作前方便何等爲四一者觀於因
緣二者觀於果報三者觀我身心四者觀
如來身第一觀因緣者知我此罪藉以无明

佛菩薩隨逐魔道行邪險径如魚吞鉤不知其患
如蛾作繭自縈自縛如蛾赴火自燒自爛以是
因緣不能自出第二觀於果報者所有諸惡
不善之業三世流轉苦果无窮沉溺无邊長
夜大海為諸煩惱羅刹所食未來生死冥然
无崖設使報德轉輪聖王王四天下飛行自
在七寶具足命終之後不免惡趣四空果報三
界尊極福盡還作牛領中虫況復其餘无福
德者而復懈怠不懃懺悔此亦譬如抱石沉
淵求出良難第三觀我自身雖有正因靈
覺之性而為煩惱果暗叢林之所覆蔽无
了因力不能得顯我今應當發起勝心破列

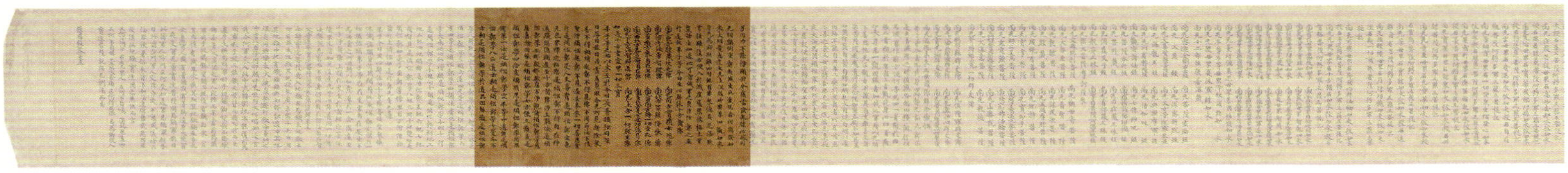

身因力不能得願我今應當發起勝心破列
无明顛倒重鄣斷滅生死虛爲苦因願發如
來大明覺惠建立无上涅槃妙果第四觀如來
身无爲寂照離四句絕百非衆德具足湛然
常住雖復方便入於滅度慈悲救接未曾
蹔捨生如是心可謂滅罪之良津除鄣之要
行是故弟子等今日至心歸依十方諸佛
南无東方勝藏珠光佛　南无南方寶積示現佛
南无西方法勇智燈佛　南无北方最勝降伏佛
南无東南方龍自在王佛　南无西南方轉一切生死佛
南无西北方无邊智自在佛　南无東北方无邊功德月佛
南无下方海智神通佛　南无上方一切勝王佛
如是十方盡空界一切三寶

日厚日茲日茂覆蓋慧眼令无所見斷除衆
善不得相續起鄣不得見佛不聞正法不值
聖僧煩惱起鄣不見過去未來一切善惡業
行是煩惱鄣愛人天尊貴是煩惱鄣生色
无色界禪定福樂是煩惱鄣不得自在神
通飛騰隱顯遍至十方諸佛淨土聽法是煩
惱鄣學安那般那數息不淨觀諸煩惱鄣學慈
悲喜捨因緣是煩惱鄣學七方便三觀義是
煩惱鄣學四念處煖頂忍是煩惱鄣學聞思
脩第一法是煩惱鄣學空平等中道解是煩
惱鄣學八正道示相是煩惱鄣學七覺分不
示相是煩惱鄣學於道品因緣觀是煩惱鄣

示相是煩惱鄣學於道品因緣觀是煩惱鄣
學八解脫九空是煩惱鄣學於十智三三昧是
煩惱鄣學三明六通四无㝵是煩惱鄣學六
度四等是煩惱鄣學四攝法廣化是煩惱鄣
學大乘心四弘誓願是煩惱鄣學十明十行
是煩惱鄣學十迴向十願是煩惱鄣初地二
地三地四地明解是煩惱鄣五地六地七地
諸智見是煩惱鄣學八地九地十地雙照是
煩惱鄣如是乃至鄣學佛果百万阿僧祇
諸行上煩惱如是行鄣无量无邊
弟子今日成心歸依向十方佛尊法聖衆慚
愧懺悔願皆消滅願藉此懺悔鄣於諸行一
切煩惱願弟子等生生處處自在受生不

爲法喜之所迎輔如意通於一念自遍三
十方淨諸佛土攝化衆生於諸禪定甚深
境界及諸知見通達无㝵心能普同一切諸
法樂說无窮而不染著得心自在得法自在智

大乘蓮華寶達菩薩問荅報應沙門經第三

尒時寶達菩薩更入地獄名爲鐵衣地獄云
何名鐵衣地獄其地獄縱廣方圓十六由旬
其地獄中地有鐵鏃鐫利如鋒鋩遍布其地
煙炎同燃鐵衣火燒焱赫遊行獄中東門之
中有八百沙門仰頭呼天抱胸大叫唱如是言
我今何罪來入此中宛轉倒地不能復前馬
頭羅刹手捉三鈷鐵叉望背而鐘胸前而出
遍身火燃馬頭羅刹手捉鐵鉤望頸而鉻鐵

遍身火燃馬頭羅剎手捉鐵鈎望髖而鎝鐵
鈎若著火炎俱起罪人宛轉而不肯前馬頭
羅剎手捉鐵鏵望頭而掘復有鐵狗来食
其肉復有餓鬼来飲其血其地獄鐵衣賚乱
来著罪人或有著頭或有著脚遍身火然一日
一夜受罪无量寶達菩薩問馬頭羅剎曰
此諸罪人沙門云何受如是罪馬頭羅剎答
曰此諸沙門罪人受佛淨戒不護威儀捨正
法服便著俗衣皆不如法違佛禁戒惡因緣
故墮此地獄寶達聞之悲泣而言
云何沙門子　名出三界人　云何不自慎　墮此惡道中
云何不自慎　受此大苦痛　云何得安隱　名為解脫人
寶達菩薩說偈已捫淚而去

佛名經卷第三

依乘佛名

BD00173 妙法蓮華經（八卷本）卷七

（後秦）鳩摩羅什 譯

752cm×24.5cm

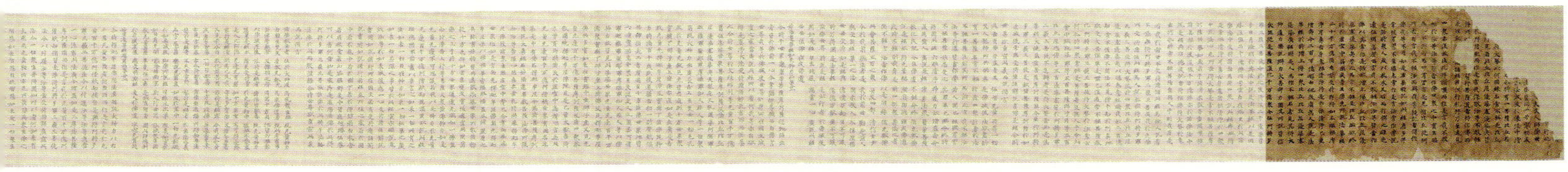

行足
夫天人師佛世
佛皆同一号冣初威
法滅後於像法中增
尒時有一菩薩比丘名
得大勢以何因緣名常不輕是比丘
所見若比丘比丘尼優婆塞優婆夷皆
礼拜讚歎而作是言我深敬汝等不敢輕
慢所以
皆行菩薩道當得作佛而
是比丘
讀誦經典但行礼拜乃至遠見
四衆亦復故往礼拜讚嘆而作是言我不敢
輕於汝等汝等皆當作佛四衆之中有生瞋

佛我等不用如是虛妄授記如此經歷多年
常被罵詈不生瞋恚常作是言汝當作佛說
是語時衆人或以杖木瓦石而打擲之避走
遠住猶高聲唱言我不敢輕汝汝等皆當作
佛以其常作是語故增上慢比丘比丘尼優
婆塞優婆夷号之為常不輕是比丘臨欲終
時於虛空中具聞威音王佛先所說法華經
二十千万億偈悉能受持即得如上眼根清
淨耳鼻舌身意根清淨得是六根清淨已更
增壽命二百万億那由他歲廣為人說是法
華經於時增上慢四衆比丘比丘尼優婆塞
優婆夷輕賤是人為作不輕名者見其得大
神通力樂說辯力大善寂力聞其所說皆信
伏隨從是菩薩復化千万億衆令住阿耨多

伏隨從是菩薩復化千万億衆令住阿耨多
羅三藐三菩提命終之後得值二千億佛皆
号日月燈明於其法中說是法華經以是因
緣復值二千億佛同号雲自在燈王於此諸
佛法中受持讀誦為諸四衆說此經典故得
是常眼清淨耳鼻舌身意諸根清淨於四衆
中說法心无所畏得大勢是常不輕菩薩摩
訶薩供養如是若于諸佛恭敬尊重讚嘆種
諸善根於後復值千万億佛亦於諸佛法中
說是經典功德成就當得作佛得大勢於意
云何尒時常不輕菩薩豈異人乎則我身是
若我於宿世不受持讀誦此經為他人說者
不能疾得阿耨多羅三藐三菩提我於先佛
所受持讀誦此經為人說故疾得阿耨多羅

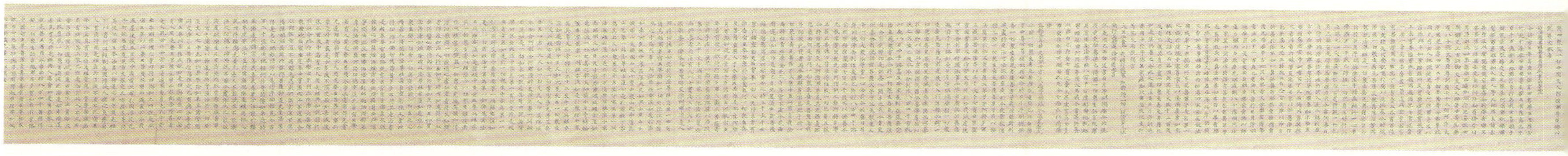

優婆塞優婆夷以瞋恚意輕賤我故二百億
劫常不值佛不聞法不見僧千劫於阿鼻地
獄受大苦惱畢是罪已復遇常不輕菩薩教
化阿耨多羅三藐三菩提得大勢於汝意云
何尒時四衆常輕是菩薩者豈異人乎今此
會中跋陁婆羅等五百菩薩師子月等五百
比丘尼思佛等五百優婆塞皆於阿耨多羅
三藐三菩提不退轉者是得大勢當知是法
華經大饒益諸菩薩摩訶薩能令至於阿耨
多羅三藐三菩提是故諸菩薩摩訶薩於如
来滅後常應受持讀誦解說書寫是經尒時
世尊欲重宣此義而說偈言

過去有佛 号威音王 神智无量 將導一切
天人龍神 所共供養 是佛滅後 法欲盡時
有一菩薩 名常不輕 時諸四衆 計著於法

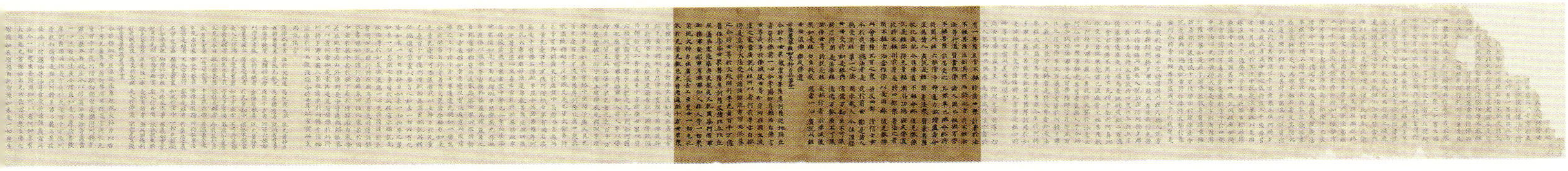

有一菩薩名常不輕時諸四衆計著於法
不輕菩薩往到其所而語之言我不輕汝
汝等行道皆當作佛諸人聞已輕毀罵詈
不輕菩薩能忍受之其罪畢已臨命終時
得聞此經六根清淨神通力故增益壽命
復為諸人廣說是經諸著法衆皆蒙菩薩
教化成就令住佛道不輕命終值无數佛
說是經故得无量福漸具功德疾成佛道
彼時不輕則我身是時四部衆著法之者
聞不輕言汝當作佛以是因緣值无數佛
此會菩薩五百之衆并及四部清信士女
今於我前聽法者是我於前世勸是諸人
聽受斯經第一之法開示教人令住涅槃
世世受持如是經典億億万劫至不可議
時乃得聞是法華經億億万劫至不可議

諸佛世尊　時說是經　是故行者　於佛滅後
聞如是經　勿生疑惑　應當一心　廣說此經
世世值佛　疾成佛道

妙法蓮華經如來神力品第廿一

尒時千世界微塵等菩薩摩訶薩從地踊出
者皆於佛前一心合掌瞻仰尊顏而白佛言
世尊我等於佛滅後世尊分身所在國土滅
度之處當廣說此經所以者何我等亦自欲
得是真淨大法受持讀誦解說書寫而供養
之尒時世尊於文殊師利等无量百千万億
舊住娑婆世界菩薩摩訶薩及諸比丘比丘
尼優婆塞優婆夷天龍夜叉乾闥婆阿脩羅
迦樓羅緊那羅摩睺羅伽人非人等一切眾
前現大神力出廣長舌上至梵世一切毛孔
放於无量无數色光皆悉遍照十方世界眾

前現大神力出廣長舌上至梵世一切毛孔
放於无量无數色光皆悉遍照十方世界衆
寶樹下師子座上諸佛亦復如是出廣長舌
放无量光釋迦牟尼佛及寶樹下諸佛現神
力時滿百千歲然後還攝舌相一時謦欬俱
共彈指是二音聲遍至十方諸佛世界地皆
六種震動其中衆生天龍夜叉乾闥婆阿脩
羅迦樓羅緊那羅摩睺羅伽人非人等以佛
神力故皆見此娑婆世界无量无邊百千万
億衆寶樹下師子座上諸佛及見釋迦牟尼
佛共多寶如來在寶塔中坐師子座又見无
量无邊百千万億菩薩摩訶薩及諸四衆恭
敬圍繞釋迦牟尼佛既見是已皆大歡喜得
未曾有即時諸天於虛空中高聲唱言過此
无量无邊百千万億阿僧祇世界有國名娑

婆是中有佛名釋迦牟尼今為諸菩薩摩訶
薩說大乘經名妙法蓮華教菩薩法佛所護
念汝等當深心隨喜亦當礼拜供養釋迦牟
尼佛彼諸眾生聞虛空中聲已合掌向娑婆
世界作如是言南无釋迦牟尼佛南无釋迦
牟尼佛以種種華香瓔珞幡蓋及諸嚴身之
具珎寶妙物皆共遙散娑婆世界所散諸物
從十方來譬如雲集變成寶帳遍覆此間諸
佛之上于時十方世界通達无礙如一佛土
尒時佛告上行等菩薩大眾諸佛神力如是
无量无邊不可思議若我以是神力於无量
无邊百千万億阿僧祇劫為囑累故說此經
功德猶不能盡以要言之如來一切所有之
法如來一切自在神力如來一切秘要之藏
如來一切甚深之事皆於此經宣示顯說是

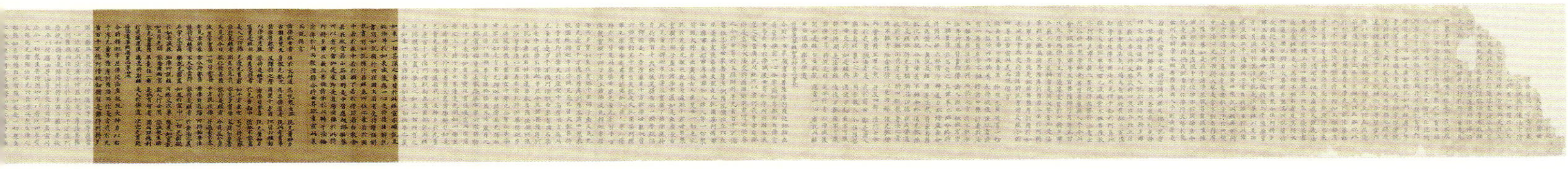

如来一切甚深之事皆於此經宣示顯說是
故汝等於如来滅後應一心受持讀誦解說
書寫如說脩行所在國土若有受持讀誦解
說書寫如說脩行若經卷所住之處若於園
中若於林中若於樹下若於僧坊若白衣舍
若在殿堂若山谷曠野是中皆應起塔供養
所以者何當知是處即是道場諸佛於此得
阿耨多羅三藐三菩提諸佛於此轉于法輪
諸佛於此而般涅槃尒時世尊欲重宣此義
而說偈言
諸佛救世者　住於大神通　為悅衆生故　現无量神力
舌相至梵天　身放无數光　為求佛道者　現此希有事
諸佛謦欬聲　及彈指之聲　周聞十方國　地皆六種動
以佛滅度後　能持是經者　諸佛皆歡喜　現无量神力
囑累是經故　讚美受持者　於无量劫中　猶故不能盡

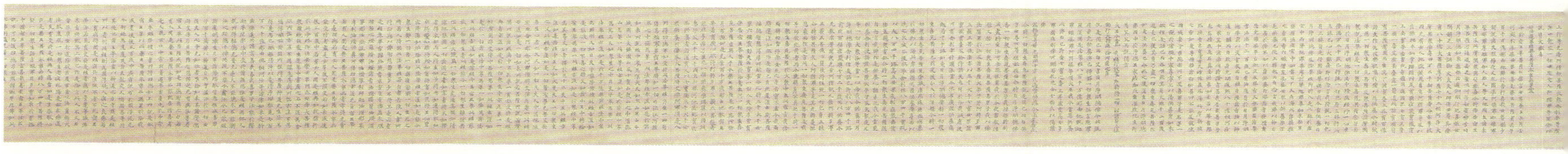

是人之功德　无邊无有窮　如十方虛空　不可得邊際
能持是經者　則為已見我　亦見多寶佛　及諸分身者
又見我今日　教化諸菩薩　能持是經者　令我及分身
滅度多寶佛　一切皆歡喜　十方現在佛　并過去未来
亦見亦供養　亦令得歡喜　諸佛坐道場　所得秘要法
能持是經者　不久亦當得　能持是經者　於諸法之義
名字及言辭　樂說无窮盡　如風於空中　一切无鄣礙
於如来滅後　知佛所說經　因緣及次第　隨義如實說
如日月光明　能除諸幽冥　斯人行世間　能滅衆生闇
教无量菩薩　畢竟住一乘　是故有智者　聞此功德利
於我滅度後　應受持斯經　是人於佛道　決定无有疑

妙法蓮華經囑累品第廿二

尒時釋迦牟尼佛從法座起現大神力以右
手摩无量菩薩摩訶薩頂而作是言我於无
量百千万億阿僧祇劫脩習是難得阿耨多

量百千万億阿僧祇劫脩習是難得阿耨多
羅三藐三菩提法今以付囑汝等汝等應當
一心流布此法廣令增益如是三摩諸菩薩
摩訶薩頂而作是言我於无量百千万億阿
僧祇劫脩習是難得阿耨多羅三藐三菩提
法今以付囑汝等汝等當受持讀誦廣宣此
法令一切衆生普得聞知所以者何如來有
大慈悲无諸慳悋亦无所畏能與衆生佛之
智慧如來智慧自然智慧如來是一切衆生
之大施主汝等亦應隨學如來之法勿生慳
悋於未來世若有善男子善女人信如來智
慧者當為演說此法華經使得聞知為令其
人得佛慧故若有衆生不信受者當於如來
餘深妙法中示教利喜汝等若能如是則為
已報諸佛之恩時諸菩薩摩訶薩聞佛作是

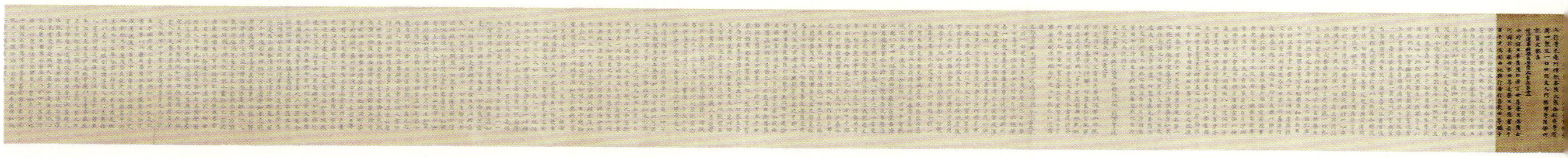

說已皆大歡喜遍滿其身益加恭敬曲躬低
頭合掌向佛俱發聲言如世尊勅當具奉行
唯然世尊願不有慮諸菩薩摩訶薩衆如是
三反俱發聲言如世尊勅當具奉行唯然世
尊願不有慮尒時釋迦牟尼佛令十方來諸
分身佛各還本土而作是言諸佛各隨所安
多寶佛塔還可如故說是語時十方无量分
身諸佛坐寶樹下師子座上者及多寶佛并
上行等无邊阿僧祇菩薩大衆舍利弗等聲
聞四衆及一切世間天人阿脩羅等聞佛所
說皆大歡喜

妙法蓮華經藥王菩薩本事品第廿三

尒時宿王華菩薩白佛言世尊藥王菩薩云
何遊於娑婆世界世尊是藥王菩薩有若干
百千万億那由他難行苦行善哉世尊願少

百千万億那由他難行苦行善哉世尊願少
解說諸天龍神夜叉乾闥婆阿脩羅迦樓羅
緊那羅摩睺羅伽人非人等又他國土諸來
菩薩及此聲聞衆聞皆歡喜尒時佛告宿王
華菩薩乃往過去无量恒河沙劫有佛号曰
月淨明德如來應供正遍知明行足善逝世
間解无上士調御大夫天人師佛世尊其佛
有八十億大菩薩摩訶薩七十二恒河沙大
聲聞衆佛壽四万二千劫菩薩壽命亦等彼
國无有女人地獄餓鬼畜生阿脩羅等及以
諸難地平如掌瑠璃所成寶樹莊嚴寶帳覆
上垂寶華幡寶瓶香鑪周遍國界七寶為臺
一樹一臺其樹去臺盡一箭道此諸寶樹皆
有菩薩聲聞而坐其下諸寶臺上各有百億
諸天作天伎樂歌歎於佛以為供養尒時彼

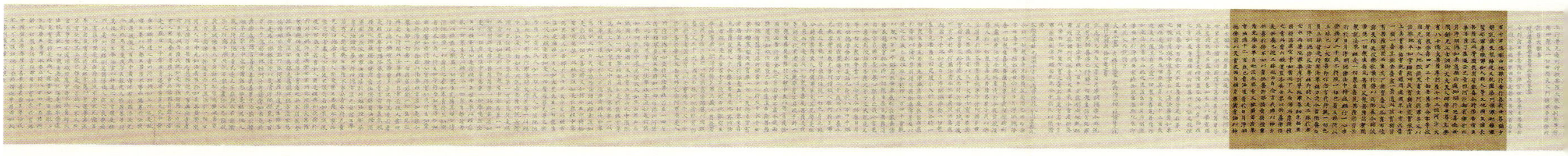

衆說法華經是一切衆生喜見菩薩樂習苦
行於日月淨明德佛法中精進經行一心求
佛滿万二千歲已得現一切色身三昧得此
三昧已心大歡喜即作念言我得現一切色
身三昧皆是得聞法華經力我今當供養日
月淨明德佛及法華經即時入是三昧於虛
空中雨曼陁羅華摩訶曼陁羅華細末堅黑
栴檀滿虛空中如雲而下又雨海此岸栴檀
之香此香六銖價直娑婆世界以供養佛作
是供養已從三昧起而自念言我雖以神力
供養於佛不如以身供養即服諸香栴檀熏
陸兜樓婆畢力迦沉水膠香又飲瞻蔔諸華
香油滿千二百歲已香油塗身於日月淨明
德佛前以天寶衣而自纏身灌諸香油以神

德佛前以天寶衣而自纏身灌諸香油以神
通力願而自然身光明遍照八十億恒河沙
世界其中諸佛同時讚言善哉善哉善男子
是真精進是名真法供養如來若以華香瓔
珞燒香末香塗香天繒幡蓋及海此岸栴檀
之香如是等種種諸物供養所不能及假使
國城妻子布施亦所不及善男子是名第一
之施於諸施中最尊最上以法供養諸如來
故作是語已而各嘿然其身火然千二百歲
過是已後其身乃盡一切衆生喜見菩薩作
如是法供養已命終之後復生日月淨明德
佛國中於淨德王家結跏趺坐忽然化生即
為其父而說偈言
大王今當知　我經行彼處　即時得一切　現諸身三昧
勤行大精進　捨所愛之身

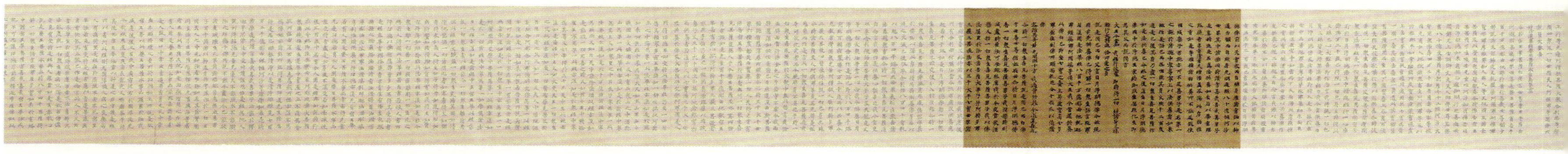

說是偈已而白父言日月淨明德佛今故現
在我先供養佛已得解一切眾生語言陁羅
尼復聞是法華經八百千万億那由他甄迦
羅頻婆羅阿閦婆等偈大王我今當還供養
此佛白已即坐七寶之臺上昇虛空高七多
羅樹往到佛所頭面礼足合十指爪以偈讚
佛
容顏甚奇妙　光明照十方　我適曾供養　今復還親近
尒時一切眾生喜見菩薩說是偈已而白佛
言世尊世尊猶故在世尒時日月淨明德佛
告一切眾生喜見菩薩善男子我涅槃時到
滅盡時至汝可安施牀座我於今夜當般涅
槃又勑一切眾生喜見菩薩善男子我以佛
法囑累於汝及諸菩薩大弟子并阿耨多羅
三藐三菩提法亦以三千大千七寶世界諸

三藐三菩提法亦以三千大千七寶世界諸
寶樹寶臺及給侍諸天悉付於汝我滅度後
所有舍利亦付囑汝當令流布廣設供養應
起若干千塔如是日月淨明德佛勅一切衆
生喜見菩薩已於夜後分入於涅槃尒時一
切衆生喜見菩薩見佛滅度悲感懊惱戀慕
於佛即以海此岸栴檀為積供養佛身而以
燒之火滅已後收取舍利作八万四千寶瓶
以起八万四千塔高三世界表剎莊嚴垂諸
幡蓋懸衆寶鈴尒時一切衆生喜見菩薩復
自念言我雖作是供養心猶未足我今當更
供養舍利便語諸菩薩大弟子及天龍夜叉
等一切大衆汝等當一心念我今供養日月
淨明德佛舍利作是語已即於八万四千塔
前然百福莊嚴臂七万二千歲而以供養

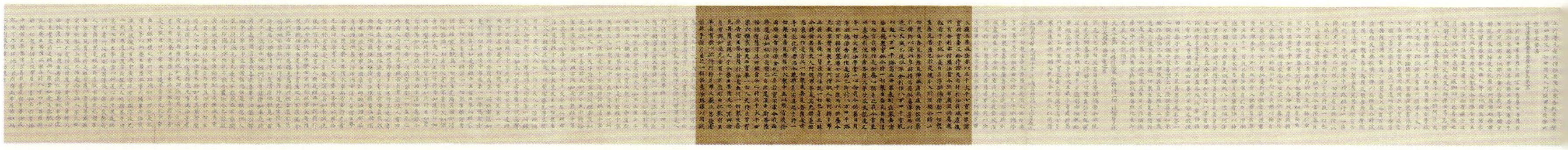

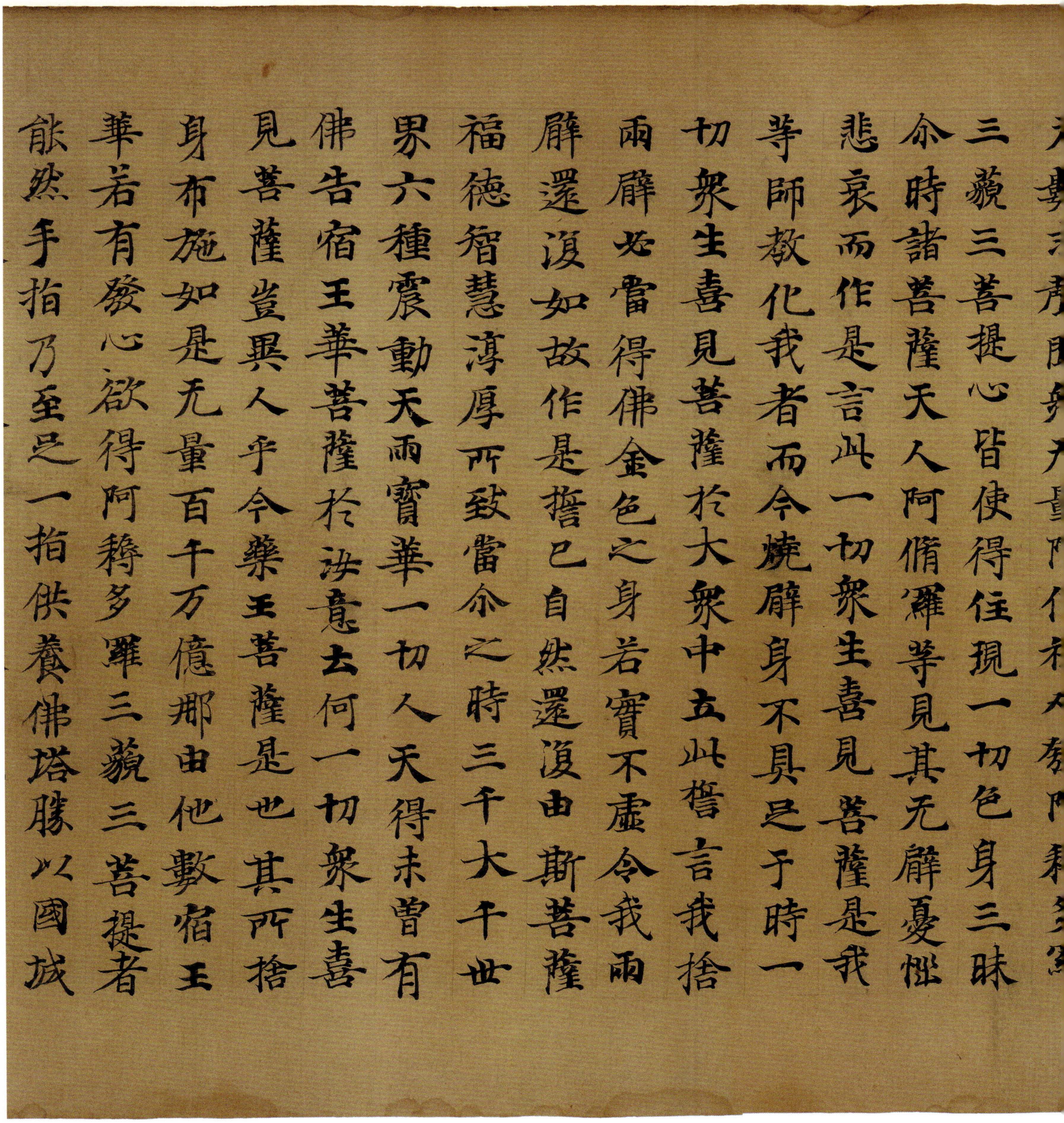

三藐三菩提心皆使得住現一切色身三昧
尒時諸菩薩天人阿脩羅等見其无臂憂惱
悲哀而作是言此一切衆生喜見菩薩是我
等師教化我者而今燒臂身不具足于時一
切衆生喜見菩薩於大衆中立此誓言我捨
兩臂必當得佛金色之身若實不虛令我兩
臂還復如故作是誓已自然還復由斯菩薩
福德智慧淳厚所致當尒之時三千大千世
界六種震動天雨寶華一切人天得未曾有
佛告宿王華菩薩於汝意云何一切衆生喜
見菩薩豈異人乎今藥王菩薩是也其所捨
身布施如是无量百千万億那由他數宿王
華若有發心欲得阿耨多羅三藐三菩提者
能然手指乃至足一指供養佛塔勝以國城

BD00173　妙法蓮華經（八卷本）卷七

能然手指乃至足一指供養佛塔勝以國城
妻子及三千大千國土山林河池諸珎寳物
而供養者若復有人以七寳滿三千大千世
界供養於佛及大菩薩辟支佛阿羅漢是人
所得功德不如受持此法華經乃至一四句
偈其福最多宿王華辟如一切川流江河諸
水之中海為第一此法華經亦復如是於諸
如來所說經中最為深大又如土山黑山小
鐵圍山大鐵圍山及十寳山衆山之中須弥
山為第一此法華經亦復如是於諸經中最
為其上又如衆星之中月天子最為第一此
法華經亦復如是於千万億種諸經法中最
為照明又如日天子能除諸暗此經亦復如
是能破一切不善之暗又如諸小王中轉輪
聖王最為第一此經亦復如是於衆經中最

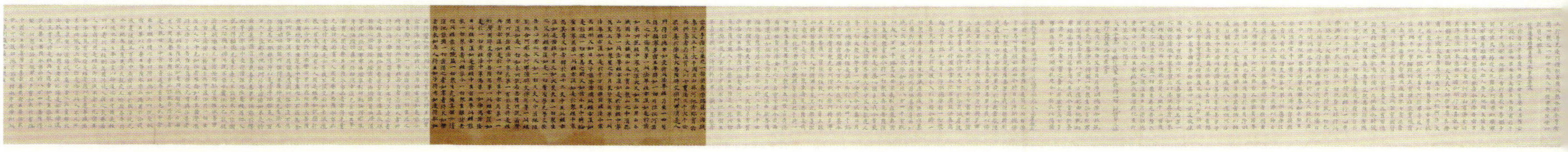

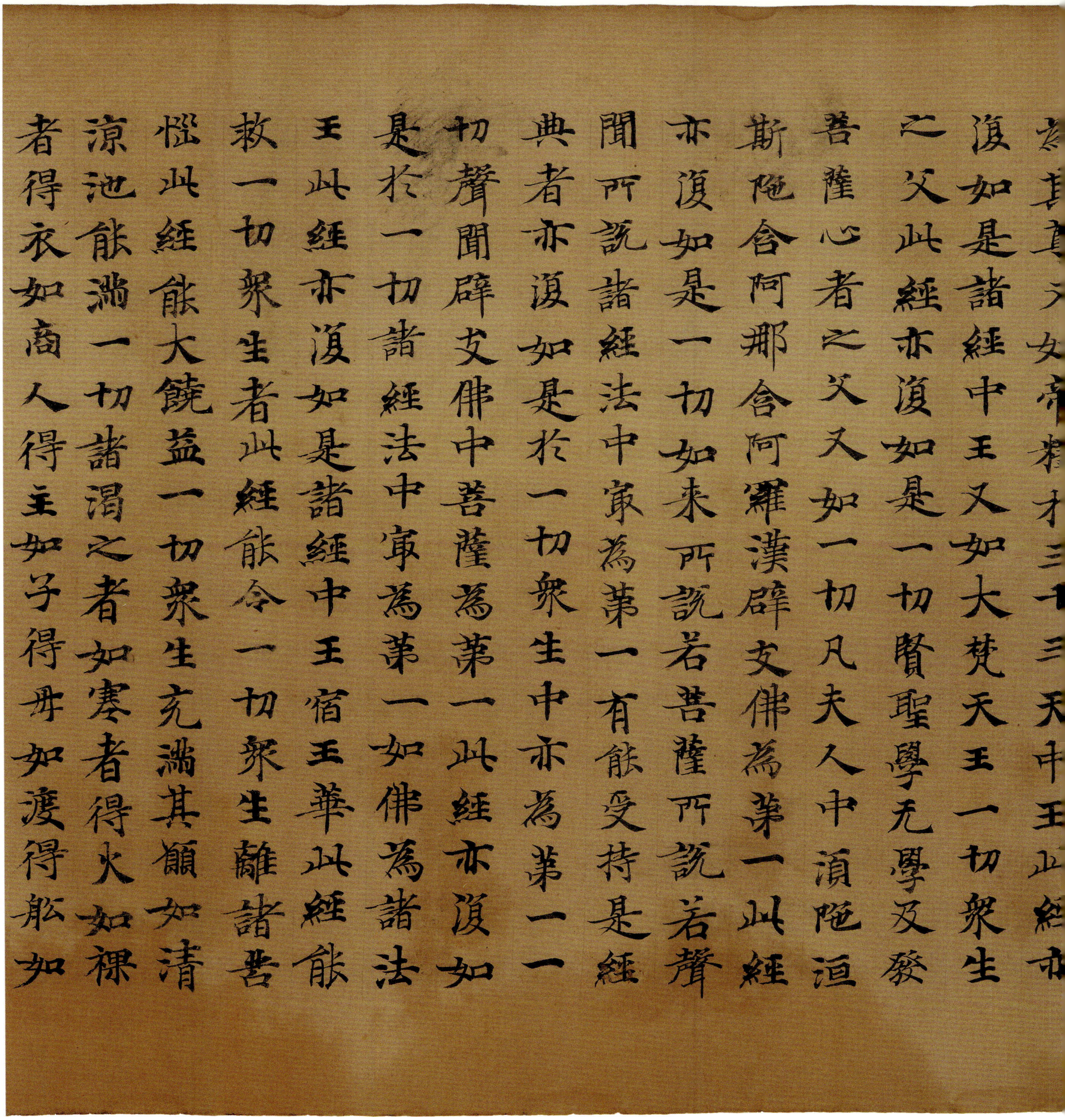

為其尊又如帝釋於三十三天中王此經亦
復如是諸經中王又如大梵天王一切眾生
之父此經亦復如是一切賢聖學无學及發
菩薩心者之父又如一切凡夫人中須陀洹
斯陀含阿那含阿羅漢辟支佛為第一此經
亦復如是一切如來所說若菩薩所說若聲
聞所說諸經法中冣為第一有能受持是經
典者亦復如是於一切眾生中亦為第一一
切聲聞辟支佛中菩薩為第一此經亦復如
是於一切諸經法中冣為第一如佛為諸法
王此經亦復如是諸經中王宿王華此經能
救一切眾生者此經能令一切眾生離諸苦
惱此經能大饒益一切眾生充滿其願如清
涼池能滿一切諸渴乏者如寒者得火如裸
者得衣如商人得主如子得母如渡得舡如

BD00173　妙法蓮華經（八卷本）卷七

者得衣如商人得主如子得母如渡得舩如
病得醫如暗得燈如貧得寶如民得王如賈
客得海如炬除暗此法華經亦復如是能令
衆生離一切苦一切病痛能解一切生死之
縛若人得聞此法華經若自書若使人書所
得功德以佛智慧籌量多少不得其邊若書
是經卷華香瓔珞燒香末香塗香幡蓋衣服
種種之燈蘇燈油燈諸香油燈瞻蔔油燈須
曼那油燈波羅羅油燈婆利師迦油燈那婆
摩利油燈供養所得功德亦復无量宿王華
若有人聞是藥王菩薩本事品者亦得无量
无邊功德若有女人聞是藥王菩薩本事品
能受持者盡是女身後不復受若如来滅後
後五百歲中若有女人聞是經典如說脩行
於此命終即往安樂世界阿彌陀佛大菩薩

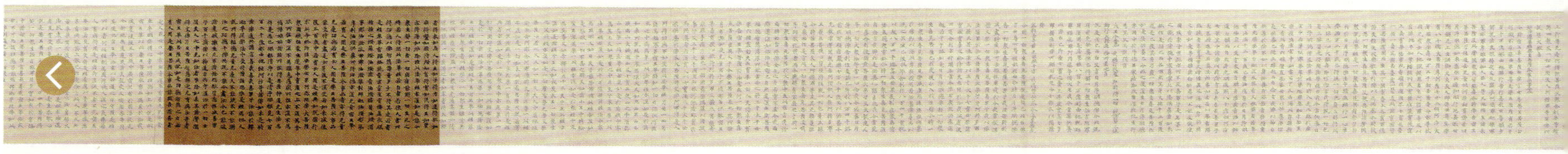

衆圍繞住處生蓮華中寶座之上不復爲貪
欲所惱亦復不爲瞋恚愚癡所惱亦復不爲
憍慢嫉妬諸垢所惱得菩薩神通无生法忍
得是忍已眼根清淨以是清淨眼根見七百
万二千億那由他恒河沙等諸佛如來是時
諸佛遥共讃言善哉善哉善男子汝能於釋
迦牟尼佛法中受持讀誦思惟是經爲他人
説所得福徳无量无邊火不能燒水不能漂
汝之功徳千佛共説不能令盡汝今已能破
諸魔賊壞生死軍諸餘怨敵皆悉摧滅善男
子百千諸佛以神通力共守護汝於一切世
間天人之中无如汝者唯除如來其諸聲聞
辟支佛乃至菩薩智慧禪定无有與汝等者
宿王華此菩薩成就如是功徳智慧之力若
有人聞是藥王菩薩本事品能隨喜讃善者

BD00173　妙法蓮華經（八卷本）卷七

有人聞是藥王菩薩本事品能隨喜讚善者
是人現世口中常出青蓮華香身毛孔中常
出牛頭栴檀之香所得功德如上所說是故
宿王華以此藥王菩薩本事品囑累於汝我
滅度後後五百歲中廣宣流布於閻浮提无
令斷絕惡魔魔民諸天龍夜叉鳩槃荼等得
其便也宿王華汝當以神通之力守護是經
所以者何此經則為閻浮提人病之良藥若
人有病得聞是經病即消滅不老不死宿王
華汝若見有受持是經者應以青蓮華盛滿
末香供散其上散已作是念言此人不久必
當取草坐於道場破諸魔軍當吹法蠡擊大
法鼓度脫一切衆生老病死海是故求佛道
者見有受持是經典人應當如是生恭敬心
說是藥王菩薩本事品時八萬四千菩薩得

解一切衆生語言陁羅尼多寶如來於寶塔
中讚宿王華菩薩言善哉善哉宿王華汝成
就不可思議功德乃能問釋迦牟尼佛如此
之事利益无量一切衆生

妙法蓮華經妙音菩薩品第廿四

尒時釋迦牟尼佛放大人相肉髻光明及放
眉間白毫相光遍照東方百八万億那由他
恒河沙等諸佛世界過是數已有世界名淨
光莊嚴其國有佛号淨華宿王智如來應供
正遍知明行足善逝世間解无上士調御大
夫天人師佛世尊為无量无邊菩薩大衆恭
敬圍繞而為說法釋迦牟尼佛白毫光明遍
照其國尒時一切淨光莊嚴國中有一菩薩
名曰妙音久已殖衆德本供養親近无量百
千万億諸佛而悉成就甚深智慧得妙幢相

千万億諸佛而悉成就甚深智慧得妙幢相
三昧法華三昧淨德三昧宿王戲三昧无緣
三昧智印三昧解一切衆生語言三昧集一
切功德三昧清淨三昧神通遊戲三昧慧炬
三昧莊嚴王三昧淨光明三昧淨藏三昧不
共三昧日旋三昧得如是等百千万億恒河
沙等諸大三昧釋迦牟尼佛光照其身即白
淨華宿王智佛言世尊我當往詣娑婆世界
礼拜親近供養釋迦牟尼佛及見文殊師利
法王子菩薩藥王菩薩勇施菩薩宿王華菩
薩上行意菩薩莊嚴王菩薩藥上菩薩尒時
淨華宿王智佛告妙音菩薩汝莫輕彼國生
下劣想善男子彼娑婆世界高下不平土石
諸山穢惡充滿佛身卑小諸菩薩衆其形亦
小而汝身四万二千由旬我身六百八十万

旬汝身第一端正百千万福光明殊妙是
故汝往莫輕彼國若佛菩薩及國土生下劣
想妙音菩薩白其佛言世尊我今詣娑婆世
界皆是如來之力如來神通遊戲如來功德
智慧莊嚴於是妙音菩薩不起于座身不動
搖而入三昧以三昧力於耆闍崛山去法座
不遠化作八万四千衆寶蓮華閻浮檀金為
莖白銀為葉金剛為鬚甄叔迦寶以為其臺
尒時文殊師利法王子見是蓮華而白佛言
世尊是何因緣先現此瑞有若干千万蓮華
閻浮檀金為莖白銀為葉金剛為鬚甄叔迦
寶以為其臺尒時釋迦牟尼佛告文殊師利
是妙音菩薩摩訶薩欲從淨華宿王智佛國
與八万四千菩薩圍繞而來至此娑婆世界
供養親近礼拜於我亦欲供養聽法華經文

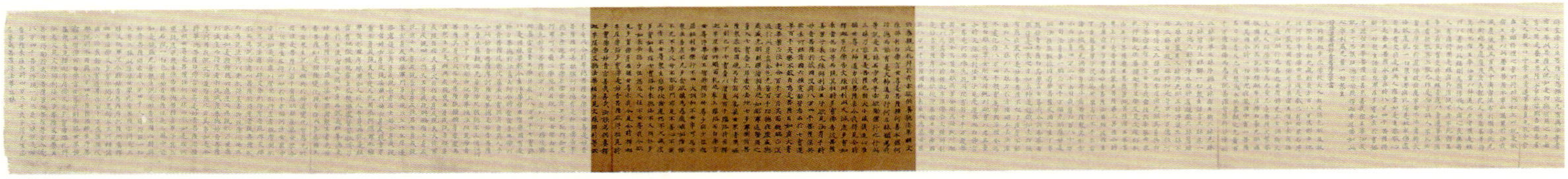

供養親近礼拜於我亦欲供養聽法華經文
殊師利白佛言世尊是菩薩種何善本脩何
功德而能有是大神通力行何三昧願為我
等說是三昧名字我等亦欲勤脩行之行此
三昧乃能見是菩薩色相大小威儀進止唯
願世尊以神通力彼菩薩来令我得見尒時
釋迦牟尼佛告文殊師利此久滅度多寶如
来當為汝等而現其相時多寶佛告彼菩薩
善男子来文殊師利法王子欲見汝身于時
妙音菩薩於彼國沒與八万四千菩薩俱共
發来所經諸國六種震動皆悉雨於七寶蓮
華百千天樂不鼓自鳴是菩薩目如廣大青
蓮華葉正使和合百千万月其面貌端正復
過於此身真金色无量百千功德莊嚴威德
熾盛光明照曜諸相具足如那羅延堅固之

身入七寶臺上昇虛空去地七多羅樹諸菩
薩衆恭敬圍繞而来詣此娑婆世界耆闍崛
山到已下七寶臺以價直百千瓔珞持至釋
迦牟尼佛所頭面礼足奉上瓔珞而白佛言
世尊淨華宿王智佛問訊世尊少病少惱起
居輕利安樂行不四大調和不世事可忍不
衆生易度不无多貪欲瞋恚愚癡嫉妬慳慢
不无不孝父母不敬沙門耶見不善心不攝
五情不世尊衆生能降伏諸魔怨不久滅度
多寶如来在七寶塔中来聽法不又問訊多
寶如来安隐少惱堪忍久住不世尊我今欲
見多寶佛身唯願世尊示我令見尒時釋迦
牟尼佛語多寶佛是妙音菩薩欲得相見時
多寶佛告妙音言善哉善哉汝能為供養釋
迦牟尼佛及聽法華經并見文殊師利等故

迦牟尼佛及聽法華經并見文殊師利等故
来至此尒時華德菩薩白佛言世尊是妙音
菩薩種何善根脩何功德有是神力佛告華
德菩薩過去有佛名雲雷音王多陀阿伽度
阿羅呵三藐三佛陁國名現一切世間劫名
憙見妙音菩薩於万二千歲以十万種伎樂
供養雲雷音王佛并奉上八万四千七寶鉢
以是因緣果報今生淨華宿王智佛國有是
神力華德於汝意云何尒時雲雷音王佛所
妙音菩薩伎樂供養奉上寶器者豈異人乎
今此妙音菩薩摩訶薩是華德是妙音菩薩
已曽供養親近无量諸佛久植德本又值恒河
沙等百千万億那由他佛華德汝但見妙音
菩薩其身在此而是菩薩現種種身處處爲
諸衆生說是經典或現梵王身或現帝釋身

或現自在天身或現大自在天身或現天大將軍
身或現毗沙門天王身或現轉輪聖王身或
現諸小王身或現長者身或現居士身或現
宰官身或現婆羅門身或現比丘比丘尼優
婆塞優婆夷身或現長者居士婦女身或現
宰官婦女身或現婆羅門婦女身或現童男
童女身或現天龍夜叉乾闥婆阿脩羅迦樓
羅緊那羅摩睺羅伽人非人等身而說是經
諸有地獄餓鬼畜生及衆難處皆能救濟乃
至於王後宮變為女身而說是經華德是
妙音菩薩能救護娑婆世界諸衆生者是妙
音菩薩如是種種變化現身在此娑婆國土
為諸衆生說是經典於神通變化智慧无所
損減是菩薩以若干智慧明照娑婆世界令
一切衆生各得所知於十方恒河沙世界中

一切衆生各得所知於十方恒河沙世界中
亦復如是若應以聲聞形得度者現聲聞形
而為説法應以辟支佛形得度者現辟支佛
形而為説法應以菩薩形得度者現菩薩形
而為説法應以佛形得度者即現佛形而為
説法如是種種隨所應度而為現形乃至應
以滅度而得度者亦現滅度華德妙音菩薩
摩訶薩成就大神通智慧之力其事如是尒
時華德菩薩白佛言世尊是妙音菩薩深種
善根世尊是菩薩住何三昧而能如是在所
變現度脱衆生佛告華德菩薩善男子其三
昧名現一切色身妙音菩薩住是三昧中能
如是饒益无量衆生説是妙音菩薩品時與
妙音菩薩俱來者八万四千人皆得現一切
色身三昧此娑婆世界无量菩薩亦得是三

昧及陀羅尼尒時妙音菩薩摩訶薩供養釋
迦牟尼佛及多寶佛塔已還歸本土所經諸
國六種震動雨寶蓮華作百千万億種種伎
樂既到本國與八万四千菩薩圍繞至淨華
宿王智佛所白佛言世尊我到娑婆世界饒
益衆生見釋迦牟尼佛及見多寶佛塔礼拜
供養又見文殊師利法王子菩薩及見藥王
菩薩得勤精進力菩薩勇施菩薩等亦令是
八万四千菩薩得現一切色身三昧說是妙
音菩薩來往品時四万二千天子得无生法
忍華德菩薩得法華三昧

圖書在版編目（CIP）數據

中國國家圖書館藏敦煌文獻．第一三册／中國國家圖書館編．—北京：國家圖書館出版社，2023.12

ISBN 978-7-5013-7888-3

Ⅰ．①中… Ⅱ．①中… Ⅲ．①敦煌學－文獻 Ⅳ．①K870.6

中國國家版本館CIP數據核字（2023）第217341號

書　　名　中國國家圖書館藏敦煌文獻·第一三册

著　　者　中國國家圖書館　編

項目統籌　魏　崇　殷夢霞

責任編輯　潘　竹　程魯潔　黄　鑫　苗文葉

責任校對　劉宇石　王　衡

出版發行　國家圖書館出版社（北京市西城區文津街7號　100034）

（原書目文獻出版社　北京圖書館出版社）

010-66114536　63802249　nlcpress@nlc.cn（郵購）

網　　址　http://www.nlcpress.com

排版印裝　天津裕同印刷有限公司

版次印次　2023年12月第1版　2023年12月第1次印刷

開　　本　787×1092　1/8

印　　張　42

書　　號　ISBN 978-7-5013-7888-3

定　　價　2800.00圓